Poesía

Sección: Literatura

Rubén Darío:

Poesía

Introducción y selección
de Jorge Campos

El Libro de Bolsillo
Alianza Editorial
Madrid

Primera edición en «El Libro de Bolsillo»: 1977
Novena reimpresión en «El Libro de Bolsillo»: 1995

© Herederos de Rubén Darío
© de la introducción y selección: Herederos de Jorge Campos
© Alianza Editorial, S. A., Madrid, 1977, 1980, 1981, 1982, 1984,
    1986, 1988, 1991, 1994, 1995
    Calle Juan Ignacio Luca de Tena, 15; 28027 Madrid; teléf. 393 88 88
    ISBN: 84-206-1666-4
    Depósito legal: M. 23.014/1995
    Impreso en Fernández Ciudad, S. L.
    Catalina Suárez, 19. 28007 Madrid
    Printed in Spain

Rubén Darío produjo un deslumbramiento en la poesía de su tiempo. La fuerza de su voz arrastró tras ella a cuantos la cultivaban o la amaban. Era, él mismo, la Poesía.

Todavía en 1916 Antonio Machado, ante la muerte de su amigo, pedía:

Pongamos, españoles, en un severo mármol
su nombre, flauta y lira, y una inscripción no más:
Nadie esta lira toque si no es el mismo Apolo;
nadie la flauta suene si no es el mismo Pan.

Después la poesía quiso dar un paso más hacia la conquista de su propia esencia. Cansada de ataviarse con recamados ropajes y cautivadoras músicas quiso ofrecerse desnuda en toda su pura belleza —en el verso de Juan Ramón— para intentar comunicarnos su inocencia. Uno de sus adornos, la imagen, pretendió constituirse en el secreto total de su misterio. La poesía del Modernismo,

7

y con ella la de Rubén, pertenecía a todo un pasado que
se consideraba prescrito y marchito.

No por eso la estimación de Rubén Darío llegó a sufrir un eclipse a pesar de que son otros los senderos
preferidos por los poetas. Aun en los momentos en que
la «vanguardia» rompe con el pasado y trata de crear
una poesía nueva se mostraba así frente a Rubén, por
boca de su cronista y profeta Guillermo de Torre:

«Su obra... representa para los jóvenes actuales una
muestra de altitud espiritual en la aurora imprecisa de
este siglo, como reacción derrocadora de las mediocri-
dades postrománticas imperantes a la sazón.» Juicio va-
lorativo y elogioso que preparaba una condena en cuanto a maestría y ejemplo a seguir.

Por recurrir a algún testimonio de excepción entre
las generaciones que le sucedieron bastaría la reiterada
afirmación de Juan Ramón Jiménez en cuanto a lo que
significó, a que no se pudo ya hacer una poesía semejante a la que él encontró. «Tuvo el privilegio de despertar a la poesía española de su letargo», dijo. O aquellas palabras de Jorge Guillén acerca de «el poeta que
yo entonces [1912] admiraba y sigo admirando mucho».
Sería también otro de aquellos poetas de la generación
del veintisiete, Pedro Salinas, quien ahondase en el verdadero Rubén, descubriendo la auténtica alma del poeta,
encerrando su tristeza y su preocupación infinita tras
la externa alegría del Modernismo.

Primeros años

Félix Rubén García y Sarmiento, que adoptó desde
sus primeros escritos los sonoros nombres de Rubén y
Darío —éste usado ya por su familia—, nació en Meta-
pa, rincón de Nicaragua, en 1867. La desunión de sus
padres hizo que fuera recogido por unos familiares, habitantes en la ciudad de León de aquel mismo país, quie-

nes tras el intento de someterle a un aprendizaje arte-
sanal le llevaron al Colegio de la Compañía de Jesús.

Su vocación poética fue precoz y se manifestó desde
la niñez. «Hacer poesía fue en mí —dijo alguna vez—
orgánico, natural, nacido». El «poeta niño» como se le
llamara, era admirado y agasajado por las gentes desde
los días del colegio en que componía versos, que impresos en papelillos de colores se dejaban caer al paso de
las procesiones. Muy pronto aparece su firma en la pren-
sa local y un propósito de protección a un talento que
no merece quedar inculto se concreta, después de más
altos planes, en un empleo en la Biblioteca Nacional de
León. Ávido lector, encuentra allí lugar donde aplacar
su curiosidad por conocer todo el amplio camino que
la poesía ha recorrido desde la antigüedad. Le ayudarán
a ello las nutridas columnas de letra estrecha y menuda
de los volúmenes de la Biblioteca de Autores Españoles que Emilio Castelar regalara a dicho país. En aquellas ansiosas lecturas se familiarizó con los poemas españoles anteriores al siglo xv, los versos torrenciales de
Lope de Vega, la sensibilidad de Garcilaso o Fray Luis
de León, la prosa cervantina, las posibilidades que la
lengua ofrece a Quevedo o Góngora...

En las poesías que escribiera durante toda esta etapa
se advierte la frecuentación de estas lecturas y ya su dominio de los distintos tipos de versificación que el paso
de los siglos le ofrece. También conoce a los románticos,
a Espronceda, a Enrique Gil, a Zorrilla, a Bécquer, a
Núñez de Arce, a Ferrari, a Campoamor y a un cubano
postbecqueriano entonces de gran boga, José Joaquín
de Palma.

El Salvador: Hugo y la poesía francesa

Un paso importante —el primero de una serie de via-
jes que parece iniciar el curso no oficial de sus uni-
versidades— lo constituyó su estancia en El Salvador

en 1882. Allí entabló amistad con un grupo de jóvenes que, como él, había advertido en la poesía francesa sonoridades y posibilidades que superaban las de la poesía española del momento, especialmente Víctor Hugo y el alejandrino francés. Con uno de aquellos amigos, Francisco Gavidia, la comunidad de ideas poéticas le llevó a una íntima amistad y a una serie de trabajos conducentes a tratar de dar al verso castellano la flexibilidad del francés. Gavidia nos ha dejado detallada información de sus esfuerzos y de su alegría al conseguirlo. No es extraño que este momento de la historia de la poesía española se haya comparado con aquel otro en que Boscán y Garcilaso tratan de que la métrica italiana suavice y dulcifique la poesía castellana medieval.

Primeros versos

Abundante es ya la producción de Rubén Darío en estos primeros años. Domina en ellos el poema de circunstancias, la poesía de abanico y el verso como vehículo político o expresión de ideas. El poeta no ha hallado aún una ruta propia, aunque muestra ya su maestría en la versificación. Repasando sus primeros versos hallaremos su encuentro con la poesía francesa. También alguna constante en el espíritu del poeta. Es curioso ese poemilla inicial donde, niño todavía, deja constancia de «ecos de dolores» junto a «flores de dulce alegría», que más parecen un resumen vital que una iniciación. También es fácil advertir cómo un intento de musicalidad se va abriendo paso entre lo gris y apagado de la poesía de su tiempo buscando una tradición propia en Enrique Gil o Bécquer.

Rimas y *Abrojos,* los dos de 1887, son los libros que cumplen y cierran este momento. Aunque preparados y editados en su época chilena pertenecen a una etapa anterior. Cuando aparecen, él está entregado a una poesía nueva, renovadora y brillante. Cuanto ha escrito hasta el momento, expresa Pedro Salinas, es pura prehistoria.

Azul

En el peregrinar de Rubén, ya iniciado y que no acabaría sino con su muerte, Chile representó un paso trascendental para su creación poética. Allí aparece *Azul* en la fecha que se ha venido considerando como el hito señalador del Modernismo. (No es exactamente así, sino la de su conocimiento y aceptación, aún con reparos o discusiones. La influencia francesa que surgió del cantor de *La légende des siècles* se amplía y sutiliza con conocimiento de una verdadera pléyade de poetas. En la estancia chilena fue importante su relación con Pedro Balmaceda, hijo del entonces presidente de la República. Su amistad le introduce en ambientes refinados reflejo o imitación del amado París que le llegaba en los versos y prosas de Gautier, Coppée, Richepin, Mendés, Leconte de Lisle, Maupassant... Visión literaria de un París totalmente exótico soñado desde la costa del Pacífico y al que Rubén rinde tributo recreándole desde los poemas y cuentos de su libro. Lo importante es que Rubén no ha imitado a éste o al otro poeta, sino que ha construido algo nuevo con todos ellos, sin olvidar lo español ni las confluencias renovadoras de coetáneos como José Martí.

En la segunda edición de *Azul,* en 1892, añade algunas composiciones que vienen a mostrar un adelanto en la concepción de la poesía y la narración fuertemente teñidas de parnasianismo. Entre ambas ediciones se encuentra la que podría llamarse consagración rubeniana que de hecho fue de alta importancia para su universal aceptación. Se trata del artículo que le dedica el más fino crítico de la época, Juan Valera. En él se saludaba, a pesar del entonces repetido «galicismo mental» algo empalagado de afrancesamiento, la aparición de un verdadero y renovador poeta.

A Rubén en esta época le seduce el parnasianismo —que lleva a máximas consecuencias la sonoridad y la perfección formal de Hugo—. El ideal de la poesía es la expresión de la belleza que llega al preciosismo, la musicalidad, un mundo refinado y lujoso, como ese París exótico y soñado del poema «De invierno». Lecturas, cuadros, grabados vistos en casa de Balmaceda o en otras casas señoriales le permiten imaginar un París cosmopolita y sensual, capital de un mundo de la belleza del que ya le da carta de naturaleza ser el autor de *Azul*.

España: 1892

Nuevas fechas en la carrera de Rubén. 1889 es la de su incorporación a la nómina de colaboradores de *La Nación*, de Buenos Aires, que duraría toda su vida, con difusión mundial de una prosa modernista en la que ya le había precedido Martí en el mismo puesto:

1892 es la del primer viaje a Europa, a España, a Madrid. Viene como representante de Nicaragua en las fiestas que conmemoran el Centenario del descubrimiento de América. A pesar de sus innovaciones galicistas, España es todavía para él el lugar donde se hallan Zorrilla, Campoamor. Se acerca a ellos como a Núñez de Arce, Emilia Pardo Bazán o Menéndez Pelayo. La carta pública de Juan Valera es la mejor presentación. Pero el agradecimiento a la acogida que le hacen estas personas ilustres, que nunca dejó de expresar, no le impiden descubrir y unirse a una intención renovadora, coincidente con la suya, que representa Salvador Rueda, colorista y con seducciones parnasianas, quien lleno de entusiasmo se sitúa en el séquito del admirado poeta, al que desde aquel momento proclama como maestro...

De Madrid pasa a Buenos Aires. Una gran capital, la más cosmopolita de América entonces, mirando a Francia más que a España.

Prosas profanas

Prosas profanas (1896) es libro de madurez y seguridad. El poeta hace oír una voz propia y distinta. Tiene conciencia de haber sido el adelantado de la nueva sensibilidad que ya impera en toda la poesía de lengua española.

Sigue mostrándonos su fe en que el fin último de la poesía puede ser la belleza. La influencia francesa, pasada ya por su visión que la transforma, se vuelve hacia el hedonismo y la sensualidad, se carga de erotismo y se puebla de versallescas fiestas galantes. Juan Ramón Jiménez ha insistido acerca del parnasianismo de este libro que significó el asentamiento de la corriente francesa en la utilización de alejandrinos o eneasílabos.

Pero, como supo ver Pedro Salinas, «el placer de los sentidos tiene inevitable condición de pasajero y ese descubrimiento dará sombra a la ilusión y la alegría.» Por eso en la lírica de Rubén todo empieza a cambiar: los tonos, las proporciones de las cosas, los acentos del alma. El descubrimiento del tiempo como adversario de la perennidad de la fiesta se inicia ya en este libro y se irá acentuando en su obra posterior donde se arraigan la preocupación dolorida, el pensar interrogante y la angustia.

Rubén creyó necesarias unas «Palabras liminares» donde se acusan las reacciones adversas a la nueva poesía. También una profesión de fe. Junto a la evasión —«y detesto la vida y el tiempo en que me tocó vivir»— la aceptación de la tradición castellana —Cervantes, Garcilaso, Gracián, Quevedo— y las voces de la vieja América indígena o la moderna voz del demócrata Whitman. También alude a Dante y Shakespeare como hitos cimeros que con Hugo y Verlaine llegan hasta el parnasianismo y el simbolismo.

Lo que sí hay que decir es que por la vía de estas dos últimas tendencias o por la meditación íntima tras las formas exteriores presidió toda su vida la entrega a la Poesía, esa poesía que definía, adelantándose a Juan Ramón como «mía en mí».

Para este poeta es *Prosas profanas* la obra maestra de Rubén. Esta admiración se relacionaba precisamente con su carácter de libro plenamente parnasiano, «es decir, es un libro objetivo, es un libro en donde no hay ningún problema íntimo ni sentimental, ni siquiera sensitivo». Sin embargo, como Salinas señala, hay en este libro poemas como «El reino interior» donde el poeta muestra a su alma pensativa en meditación.

De nuevo España

Mil ochocientos noventa y ocho es la fecha de su segundo viaje y más larga estancia en Madrid. Las ilustres figuras que conformaban el panorama literario seis años antes han desaparecido o son menospreciadas por ese animoso grupo que hoy conocemos con el nombre de una generación que lleva como definitoria esa misma fecha. Rubén es uno más entre ellos. Son Benavente, Baroja, Maeztu, Azorín, Valle-Inclán, Villaespesa. Es decir, los noventayochistas y los modernistas.

Juan Ramón Jiménez atribuyó siempre gran importancia a esta convivencia de Rubén con los poetas españoles. Afirma que menos seducidos por el parnasianismo les había llegado más íntimamente el simbolismo que en gran parte le dieron a conocer.

También considera Juan Ramón que la hondura que se va apoderando de la poesía rubeniana, desplazando a la brillantez del Parnaso, pudo tener también que ver con los poetas españoles en un tiempo en que no dejaron de existir influencias de unos en otros: «En España el Modernismo se distinguió por un mayor sentido interior... Describir los centauros no es lo mismo que expresar la intimidad.»

Lo cierto es que en la temática de su siguiente libro se reflejan motivos relacionados con su viaje a Madrid desde el «Cyrano en España» escrito a petición de Benavente para su revista *La Vida Literaria*.

Cantos de vida y esperanza

Este nuevo libro recoge poemas coetáneos de los del anterior. De hecho no responden a dos momentos sucesivos, sino que a este segundo pasaron composiciones nacidas ya cuando se prepararon las que habían de formar las *Prosas profanas*.

Si acaso podría mostrarse en él una mayor profundidad de tono, al tiempo que el aumento de sencillez en la expresión. Por un lado el poeta se acerca a temas más próximos recortando las alas al vuelo exotista. Por otro se vuelca más hacia su intimidad y se pregunta por lo que él como hombre está haciendo: La ampliación de temas va tanto hacia el entorno universal del poeta como a la apertura de su reino interior hacia la comunicación con los demás. El poeta no se deja ya llevar tan fácilmente por la alegría de las fiestas que encubren lo hondo de su alma en la que nos descubre la existencia de tristeza y desilusión a pesar de las primaverales sonrisas.

Los cisnes han dejado de ser pura expresión de lo bello para interrogar sobre los misterios que rodean al hombre. Amargura, angustia, dolor, temor a la muerte y al más allá derivan hacia temas eternos la versallesca y galante sugestión erótica.

Obra posterior

A partir de aquí Rubén no aporta novedades de la consideración de sus obras anteriores. Es un poeta en plena posesión de sus medios, que ahora consolida. Si no mejores libros, sí nos da en ellos alguna de sus mejores páginas.

El proceso iniciado se ahonda. No perderá el dominio de la musicalidad y la palabra, pero se harán cada vez más visibles sus íntimas preocupaciones. Vivirá en París largas temporadas y pasará otras en Madrid, en Asturias o en Palma de Mallorca. Pero la Ciudad-luz le atraerá de nuevo y la sumisión al alcohol le acentuará alucinaciones y terrores debilitando su voluntad. Utilizado como atractivo para una revista, y después casi como fenómeno de feria, el destino le lleva a morir en León de Nicaragua, donde el poeta-niño inició su excepcional camino de padre y maestro mágico, como él llamara a Verlaine.

Son tan grandes y tan representativas en Rubén las formas y cuanto con ellas se relaciona que han opacado otros elementos constitutivos de su lírica divulgando más popularmente las composiciones sonoras o musicales. Fue su amor a la poesía y su lucha por perfeccionarla lo que le indujo a situarse en el cultivo del arte por el arte; mas en esta consideración entra también un concepto de la poesía como expresión de intimismos que le conducen a la evolución que se ha observado. La hipersensibilidad que se desliza hacia el sensualismo llevará después hacia la interrogación y la meditación.

Mas no por el predominio de lo formal ni la inmersión en un mundo intimista la poesía de Rubén está aislada de su momento ni del contexto cultural e histórico en que se produjo. Más acertado sería decir que es producto suyo. El Modernismo, aun antes de ser bautizado así surge a partir de 1880 en Cuba, en Méjico, en Colombia, en Uruguay... Es un fenómeno continental al que se suma Rubén Darío para encauzarlo y resumirlo. Las razones se hallan en el despego de la tradición poética española que ofrecía pocos alicientes a cualquier espíritu joven, y en la atracción hacia el esplendoroso brillo de la poesía francesa. Pero, como ya se ha hecho notar, el Modernismo coincide en fechas con el desarrollo —tardío respecto a Europa— del capitalismo en la América hispana, claramente perceptible en aquellos años en Chile, centro comercial del Pacífico o en el desarrollo industrial y financiero de Argentina. La producción

capitalista lleva aparejada la intención de ganancia y
ésta las necesidades de consumo, de lujo, y de suntuo-
sidad. El propio Pedro Balmaceda sitúa estas coordena-
das del momento en cita certeramente destacada por
Jaime Concha:

«Vivo en un costado del parque en la casa de la
Administración. Da al mar, por el lado de los estable-
cimientos de la fundición, la fábrica de ladrillos, la bahía,
los muelles y los vapores de chimeneas rojas. A un lado
los caprichos de una mujer, al otro la pujanza y el tra-
bajo emprendedor de un hombre. Aquí, el oro que brota;
allí, el oro que derrama y gasta...»

No puede darse mejor visión del Modernismo pro-
duciéndose al tiempo que el desarrollo industrial y apro-
piándose la poesía como una forma del lujo. El oro, como
la pedrería, los objetos costosos y en general el refina-
miento se correlacionan con una poesía de argentería,
de artístico artesanado. Se habla de cincelar el verso,
de pulir el lenguaje, de pintar medallones o miniaturas.
Pero Rubén no se queda en la evasión melodiosa, sino
que a través de las muselinas y los ambientes cerrados
a lo vulgar deja entrever problemas que se refieren al
equilibrio político hispanoamericano frente a un empuje
imperialista que se ha puesto al descubierto con la guerra
hispanonorteamericana de 1898. Rubén, zarandeado de
un país al otro por una existencia necesitada de protec-
ciones que le obligan alguna vez a cantar al son que le
tocan, va cediendo cada vez menos a los halagos exteriores y escuchando voces internas que le hacen escribir
para sí mismo. Le preocupa el hombre —aunque sea el
hombre que él es— y por eso su poesía llega hasta el
lector de hoy.

Bibliografía

RUBÉN DARÍO, *Poesías completas.* Edición, introducción
y notas de Alfonso Méndez Plancarte, aumentada con
nuevas poesías y otras adiciones por Oliver Belmás.
Madrid. Aguilar. 11.ª ed. 1977.

Estudios:

CONCHA, Jaime, *Rubén Darío.* Madrid. Júcar, 1975.

GARCIASOL, Ramón de, *Lección de Rubén Darío.* Madrid. Taurus, 1961.

GULLÓN, Ricardo, *Direcciones del Modernismo.* Madrid.
Gredos, 1963.

JIMÉNEZ, Juan Ramón, *El Modernismo.* (Notas de un
curso [1953].) Madrid. Aguilar, 1962.

OLIVER BELMÁS, Antonio, *Este otro Rubén Darío.* Madrid. Aguilar, 1969.

PERUS, Francise, *Literatura y sociedad en América Latina: el Modernismo.* 2.ª ed. México. Siglo XXI, 1976.

PORRATA Y SANTANA, *Antología comentada del Modernismo.* California State University, 1974.

SALINAS, Pedro, *La poesía de Rubén Darío.* Seix y Barral.
2.ª ed. Barcelona, 1975.

TORRES, Edelberto. *La dramática vida de Rubén Darío.*
Guatemala, 1952.

[*Lector: si oyes los rumores*]

LECTOR: si oyes los rumores
de la ignorada arpa mía,
oirás ecos de dolores;
mas sabe que tengo flores
también, de dulce alegría.

(León, julio 10 de 1881.)

El poeta

¡En medio del eterno concierto de los mundos
se escucha del poeta su cálido laúd,
que canta en dulces trovas placeres y venturas,
y en tristes elegías y en fúnebres endechas
consagra sus canciones también al ataúd!

¡El tiene por su numen las olas de los mares
que su rizada espuma derraman por doquier;
las brisas que, besando las hojas de las flores,
en dulce movimiento y en blando devaneo
se van en el vacío confusas a perder;

los púdicos amores de vírgenes hermosas
como la luna plácida, como el naciente sol,
que cruzan por el mundo, fugaces y sonrientes,
cual bellas mariposas, cual cándidas palomas
que embriagan con su arrullo, que matan con su voz;

las nubecillas de oro que en Occidente giran
cuando se oculta triste tras el ocaso el sol,
los plácidos murmullos de la callada selva,
las quejumbrosas tórtolas que anidan en los sauces
y cantan saludando la aurora de su amor!

Y el mundo a carcajadas se burla del poeta
y le apellida loco, demente soñador,
¡y por el mundo vaga cantando solitario,
sin sueños en la mente, sin goces en el alma,
llorando entre el recuerdo de su perdido amor!...

Prosigue, triste poeta, cantando tus pesares;
con tu celeste numen sé siempre, siempre fiel.
¡Prosigue por el mundo llorando tus dolencias,
hasta mirar tu nombre tan alto como el cielo,
hasta mirar tu frente ceñida de laurel!

«Sotto voce»

Así, en voz baja, quedo, amada mía,
es la lengua feliz de los amores:
cuando amanece el día,
se saludan las auras y las flores
así, en voz baja, quedo, amada mía.

¡Visión divina, mi adorada Musa,
mi Angel que reverencio!
Si la lengua rehúsa
desahogar la pasión, débil, confusa,
¡nuestras almas dialogan en silencio,
Visión divina, mi adorada Musa!

(Septiembre de 1885.)

Versos tristes

I

Ya viste, corazón, que por incauto
        en materias de amor,
has sufrido tremendos descalabros.
        En fin, ¡sea por Dios!,
no escarmentaste en la cabeza ajena,
        y por eso es que hoy,
recibes entre penas y amarguras
        una sabia lección.
¡Ah, muy cara se compra la experiencia!
        ¿No es verdad, corazón?

II

Yo tenía en el alma un santuario
        donde, lleno de unción,
pensaba colocar de mi adorada
        la imagen... Pues, Señor,
se ha de saber el cómo una mañana
        al despuntar el sol,
después de haber llorado mucho, mucho,
y luego de sentir un cruel dolor,
¡sentí en el alma el frío de la muerte
y encontré en el santuario... un escorpión!

III

¿En dónde están, ¡oh musa!, la áurea cuerda
     y el sonante bordón
con que en la lira mía preludiaba
     las cántigas de amor?
¿En dónde está la alegre consonancia
     de mi vieja canción;
mis cuartetos, quintillas y ovillejos
     que a la brisa veloz
confiaba, mensajera bulliciosa
     de mi ardiente pasión…?
Pasó la Primavera. El lago gime
     con un tenue rumor.
En el cielo se esfuman nubes negras.
Quiero reír. ¿Por qué llorando estoy?

              (Managua, mayo de 1886.)

Abrojos

I

¡Día de dolor,
aquel en que vuela para siempre el ángel
del primer amor!

V

Bota, bota, bella niña,
ese precioso collar
en que brillan los diamantes
como el líquido cristal
de las perlas del rocío
matinal.
Del bolsillo de aquel sátiro
salió el oro y salió el mal.

Bota, bota esa serpiente
que te quiere estrangular
enrollada en tu garganta
hecha de nieve y coral.

XXX

Mira, no me digas más:
¡que otra palabra como ésa
tal vez me pueda matar!

EL AÑO LIRICO

Primaveral

Mes de rosas. Van mis rimas
en ronda, a la vasta selva,
a recoger miel y aromas
en las flores entreabiertas.
Amada, ven. El gran bosque
es nuestro templo; allí ondea
y flota un santo perfume
de amor. El pájaro vuela
de un árbol a otro y saluda
tu frente rosada y bella
como a un alba; y las encinas
robustas, altas, soberbias,
cuando tú pasas agitan
sus hojas verdes y trémulas,
y enarcan sus ramas como
para que pase una reina.
¡Oh amada mía! Es el dulce
tiempo de la primavera.

Mira en tus ojos los míos:
da al viento la cabellera,
y que bañe el sol ese aro
de luz salvaje y espléndida.
Dame que aprieten mis manos
las tuyas de rosa y seda
y ríe, y muestren tus labios
su púrpura húmeda y fresca.
Yo voy a decirte rimas,
tú vas a escuchar risueña;
si acaso algún ruiseñor
viniese a posarse cerca
y a contar alguna historia
de ninfas, rosas o estrellas,
tú no oirás notas ni trinos,
sino enamorada y regia,
escucharás mis canciones
fija en mis labios que tiemblan.
¡Oh amada mía! Es el dulce
tiempo de la primavera.

Allá hay una clara fuente
que brota de una caverna,
donde se bañan desnudas
las blancas ninfas que juegan.
Ríen al son de la espuma,
hienden la linfa serena;
entre el polvo cristalino
esponjan sus cabelleras
y saben himnos de amores
en hermosa lengua griega,
que en glorioso tiempo antiguo
Pan inventó en las florestas.
Amada, pondré en mis rimas
la palabra más soberbia
de las frases de los versos
de los himnos de esa lengua;
y te diré esa palabra
empapada en miel hiblea...

¡Oh amada mía! Es el dulce
tiempo de la primavera.
Van en sus grupos vibrantes
revolando las abejas
como un áureo torbellino
que la blanca luz alegra;
y sobre el agua sonora
pasan radiantes, ligeras,
con sus alas cristalinas
las irisadas libélulas.
Oye: Canta la cigarra
porque ama al sol, que en la selva
su polvo de oro tamiza,
entre las hojas espesas.
Su aliento nos da en un soplo
fecundo la madre tierra,
con el alma de los cálices
y el aroma de las hierbas.

¿Ves aquel nido? Hay un ave.
Son dos: el macho y la hembra.
Ella tiene el buche blanco,
él tiene las plumas negras.
En la garganta el gorjeo,
las alas blancas y trémulas;
y los picos que se chocan
como labios que se besan.
El nido es cántico. El ave
incuba el trino, ¡oh poetas!
de la lira universal,
el ave pulsa una cuerda.
Bendito el calor sagrado
que hizo reventar las yemas.
¡Oh amada mía! Es el dulce
tiempo de la primavera.

Mi dulce musa Delicia
me trajo una ánfora griega
cincelada de alabastro,

de vino de Naxos llena;
y una hermosa copa de oro,
la base henchida de perlas,
para que bebiese el vino
que es propicio a los poetas.
En el ánfora está Diana,
real, orgullosa y esbelta,
con su desnudez divina
y en su actitud cinegética.
Y en la copa luminosa
está Venus Citerea
tendida cerca de Adonis
que sus caricias desdeña.
No quiero el vino de Naxos
ni el ánfora de ansas bellas,
ni la copa donde Cipria
al gallardo Adonis ruega.
Quiero beber del amor
sólo en tu boca bermeja.
¡Oh amada mía! Es el dulce
tiempo de la primavera.

Estival

I

La tigre de Bengala
con su lustrosa piel manchada a trechos
está alegre y gentil, está de gala.
Salta de los repechos
de un ribazo, al tupido
carrizal de un bambú; luego a la roca
que se yergue a la entrada de su gruta.
Allí lanza un rugido,
se agita como loca
y eriza de placer su piel hirsuta.

La fiera virgen ama.
Es el mes del ardor. Parece el suelo

rescoldo; y en el cielo el sol inmensa llama.
Por el ramaje oscuro
salta huyendo el canguro.
El boa se infla, duerme, se calienta
a la tórrida lumbre;
el pájaro se sienta
a reposar sobre la verde cumbre.

Siéntense vahos de horno;
y la selva indiana
en alas del bochorno,
lanza, bajo el sereno
cielo, un soplo de sí. La tigre ufana
respira a pulmón lleno,
y al verse hermosa, altiva, soberana,
le late el corazón, se le hincha el seno.

Contempla su gran zarpa, en ella la uña
de marfil; luego toca
el filo de una roca,
y prueba y lo rasguña.
Mírase luego el flanco
que azota con el rabo puntiagudo
de color negro y blanco,
y móvil y felpudo;
luego el vientre. En seguida
abre las anchas fauces, altanera
como reina que exige vasallaje;
después husmea, busca, va. La fiera
exhala algo a manera
de un suspiro salvaje.
Un rugido callado
escuchó. Con presteza
volvió la vista de uno y otro lado.
Y chispeó su ojo verde y dilatado
cuando miró de un tigre la cabeza
surgir sobre la cima de un collado.
El tigre se acercaba.
                              Era muy bello.

Gigantesca la talla, el pelo fino,
apretado el ijar, robusto el cuello,
era un don Juan felino
en el bosque. Anda a trancos
callados; ve a la tigre inquieta, sola,
y la muestra los blancos
dientes; y luego arbola
con donaire la cola.
Al caminar se vía
su cuerpo ondear, con garbo y bizarría.
Se miraban los músculos hinchados
debajo de la piel. Y se diría
ser aquella alimaña
un rudo gladiador de la montaña.
Los pelos erizados
del labio relamía. Cuando andaba,
con su peso chafaba
la hierba verde y muelle
y el ruido de su aliento semejaba
el resollar de un fuelle.
El es, él es el rey. Cetro de oro
no, sino la ancha garra
que se hinca recia en el testuz del toro
y las carnes desgarra.
La negra águila enorme, de pupilas
de fuego y corvo pico relumbrante
tiene a Aquilón; las hondas y tranquilas
aguas, el gran caimán; el elefante,
la cañada y la estepa;
la víbora, los juncos por do trepa;
y su caliente nido
del árbol suspendido,
el ave dulce y tierna
que ama la primer luz.
                El, la caverna.

No envidia al león la crin, ni al potro rudo
el casco, ni al membrudo

hipopótamo el lomo corpulento
quien bajo los ramajes de copudo
baobab, ruge al viento.
Así va el orgulloso, llega, halaga;
corresponde la tigre que le espera,
y con caricias las caricias paga
en su salvaje ardor, la carnicera.

Después el misterioso
tacto, las impulsivas
fuerzas que arrastran con poder pasmoso;
y ¡oh gran Pan!, el idilio monstruoso
bajo las vastas selvas primitivas.
No el de las musas de las blandas horas,
suaves, expresivas,
en las rientes auroras
y las azules noches pensativas;
sino el que todo enciende, anima, exalta,
polen, savia, calor, nervio, corteza,
y en torrentes de vida brota y salta
del seno de la gran Naturaleza.

II

El príncipe de Gales va de caza
por bosques y por cerros
con su gran servidumbre y con sus perros
de la más fina raza.

Acallando el tropel de los vasallos,
deteniendo traíllas y caballos,
con la mirada inquieta,
contempla a los dos tigres de la gruta
a la entrada. Requiere la escopeta,
y avanza, y no se inmuta.

Las fieras se acarician. No han oído
tropel de cazadores.
A esos terribles seres,
embriagados de amores,
con cadenas de flores
se les hubiera uncido
a la nevada concha de Citeres
o al carro de Cupido.

El príncipe atrevido,
adelanta, se acerca, ya se para;
ya apunta y cierra un ojo; ya dispara;
ya del arma el estruendo
por el espeso bosque ha resonado.
El tigre sale huyendo
y la hembra queda, el vientre desgarrado.
¡Oh, va a morir...! Pero antes, débil, yerta,
chorreando sangre por la herida abierta,
con ojo dolorido
miró a aquel cazador, lanzó un gemido
como un ¡ay! de mujer... y cayó muerta.

III

Aquel macho que huyó, bravo y zahareño
a los rayos ardientes
del sol, en su cubil después dormía.
Entonces tuvo un sueño:
que enterraba las garras y los dientes
en vientres sonrosados
y pechos de mujer; y que engullía
por postres delicados
de comidas y cenas,
como tigre goloso entre golosos,
unas cuantas docenas
de niños tiernos, rubios y sabrosos.

Autumnal

Eros, Vita, Lumen.

En las pálidas tardes
yerran nubes tranquilas
en el azul; en las ardientes manos
se posan las cabezas pensativas.
¡Ah los suspiros! ¡Ah los dulces sueños!
¡Ah las tristezas íntimas!
¡Ah el polvo de oro que en el aire flota,
tras cuyas ondas trémulas se miran
los ojos tiernos y húmedos,
las bocas inundadas de sonrisas,
las crespas cabelleras
y los dedos de rosa que acarician!

En las pálidas tardes
me cuenta un hada amiga
las historias secretas
llenas de poesía;
lo que cantan los pájaros,
lo que llevan las brisas,
lo que vaga en las nieblas,
lo que sueñan las niñas.

Una vez sentí el ansia
de una sed infinita.
Dije al hada amorosa:
—Quiero en el alma mía
tener la inspiración honda, profunda,
inmensa: luz, calor, aroma, vida.
Ella me dijo: —¡Ven!— con el acento
con que me hablaría un arpa. En él había
un divino idioma de esperanza.
¡Oh sed del ideal!
                    Sobre la cima
de un monte, a medianoche,
me mostró las estrellas encendidas.
Era un jardín de oro

con pétalos de llamas que titilan.
Exclamé: —Más…
                                 La aurora
vino después. La aurora sonreía,
con la luz en la frente,
como la joven tímida
que abre la reja, y la sorprenden luego
ciertas curiosas, mágicas pupilas.
Y dije: —Más… —Sonriendo
la celeste hada amiga
prorrumpió: —¡Y bien! ¡Las flores!
                                     Y las flores

estaban frescas, lindas,
empapadas de olor: la rosa virgen,
la blanca margarita,
la azucena gentil y las volúbiles
que cuelgan de la rama estremecida.
Y dije: —Más…
                      El viento
arrastraba rumores, ecos, risas,
murmullos misteriosos, aleteos,
músicas nunca oídas.

El hada entonces me llevó hasta el velo
que nos cubre las ansias infinitas,
la inspiración profunda
y el alma de las liras.
Y los rasgó. Y allí todo era aurora.
En el fondo se vía
un bello rostro de mujer.
                              ¡Oh; nunca,
Piérides, diréis las sacras dichas
que en el alma sintiera!
Con su vaga sonrisa:
—¿Más?… —dijo el hada
                             Y yo tenía entonces

clavadas las pupilas
en el azul; y en mis ardientes manos
se posó mi cabeza pensativa…

Invernal

Noche. Este viento vagabundo lleva
las alas entumidas
y heladas. El gran Andes
yergue al inmenso azul su blanca cima.
La nieve cae en copos,
sus rosas transparentes cristaliza;
en la ciudad, los delicados hombros
y gargantas se abrigan;
ruedan y van los coches,
suenan alegres pianos, el gas brilla;
y si no hay un fogón que le caliente,
el que es pobre tirita.

Yo estoy con mis radiantes ilusiones
y mis nostalgias íntimas,
junto a la chimenea
bien harta de tizones que crepitan.
Y me pongo a pensar: ¡Oh! ¡Si estuviese
ella, la de mis ansias infinitas,
la de mis sueños locos
y mis azules noches pensativas!
¿Cómo? Mirad:
            De la apacible estancia
en la extensión tranquila
vertía la lámpara reflejos
de luces opalinas.
Dentro, el amor que abrasa;
fuera, la noche fría;
el golpe de la lluvia en los cristales,
y el vendedor que grita
su monótona y triste melopea
a las glaciales brisas.
Dentro, la ronda de mis mil delirios,
las canciones de notas cristalinas,
unas manos que toquen mis cabellos,
un aliento que roce mis mejillas,
un perfume de amor, mil conmociones,

mil ardientes caricias;
ella y yo: los dos juntos, los dos solos;
la amada y el amado, ¡oh Poesía!,
los besos de sus labios,
la música triunfante de mis rimas
y en la negra y cercana chimenea
el tuero brillador que estalla en chispas.

¡Oh! ¡Bien haya el brasero
lleno de pedrería!
Topacios y carbunclos,
rubíes y amatistas
en la ancha copa etrusca
repleta de ceniza.
Los lechos abrigados,
las almohadas mullidas,
las pieles de Astrakán, los besos cálidos
que dan las bocas húmedas y tibias.
¡Oh viejo Invierno, salve!,
puesto que traes con las nieves frígidas
el amor embriagante
y el vino del placer en tu mochila.

Sí, estaría a mi lado
dándome sus sonrisas,
ella, la que hace falta a mis estrofas,
esa que mi cerebro se imagina;
la que, si estoy en sueños,
se acerca y me visita;
ella que, hermosa, tiene
una carne ideal, grandes pupilas,
algo de mármol, blanca luz de estrella;
nerviosa, sensitiva,
muestra el cuello gentil y delicado
de las Hebes antiguas;
bellos gestos de diosa,
tersos brazos de ninfa,
lustrosa cabellera
en la nuca encrespada y recogida,

y ojeras que denuncian
ansias profundas y pasiones vivas.
¡Ah, por verla encarnada,
por gozar sus caricias,
por sentir en mis labios
los besos de su amor, diera la vida!
Entre tanto hace frío.
Yo contemplo las llamas que se agitan,
cantando alegres con sus lenguas de oro,
móviles, caprichosas e intranquilas,
en la negra y cercana chimenea
do el tuero brillador estalla en chispas.

Luego pienso en el coro
de las alegres liras.
En la copa labrada, el vino negro,
la copa hirviente en cuyos bordes brillan
con iris temblorosos y cambiantes
como un collar de prismas;
el vino negro que la sangre enciende,
y pone el corazón con alegría,
y hace escribir a los poetas locos
sonetos áureos y flamantes silvas.
El Invierno es beodo.
Cuando soplan sus brisas,
brotan las viejas cubas
la sangre de las viñas.
Sí, yo pintara su cabeza cana
con corona de pámpanos guarnida.
El Invierno es galeoto,
porque en las noches frías
Paolo besa a Francesca
en la boca encendida,
mientras su sangre como fuego corre
y el corazón ardiendo le palpita.
¡Oh crudo Invierno, salve!,
puesto que traes con las nieves frígidas
el amor embriagante
y el vino del placer en tu mochila.

Ardor adolescente,
miradas y caricias;
¡cómo estaría trémula en mis brazos
la dulce amada mía,
dándome con sus ojos luz sagrada,
con su aroma de flor, savia divina!
En la alcoba la lámpara
derramando sus luces opalinas;
oyéndose tan sólo
suspiros, ecos, risas;
el ruido de los besos;
la música triunfante de mis rimas,
y en la negra y cercana chimenea
el tuero brillador que estalla en chispas.
Dentro, el amor que abrasa;
fuera, la noche fría.

Caupolicán

A Enrique Hernández Miyares.

Es algo formidable que vio la vieja raza;
robusto tronco de árbol al hombro de un campeón
salvaje y aguerrido, cuya fornida maza
blandiera el brazo de Hércules, o el brazo de Sansón.

Por casco sus cabellos, su pecho por coraza,
pudiera tal guerrero, de Arauco en la región,
lancero de los bosques Nemrod que toda caza,
desjarretar un toro, o estrangular un león.

Anduvo, anduvo, anduvo. Le vió la luz del día,
le vió la tarde pálida, le vió la noche fría,
y siempre el tronco de árbol a cuestas del titán.

«¡El Toqui, el Toqui!», clama la conmovida casta.
Anduvo, anduvo, anduvo. La aurora dijo: «Basta»,
e irguióse la alta frente del gran Caupolicán.

Venus

En la tranquila noche, mis nostalgias amargas sufría.
En busca de quietud bajé al fresco y callado jardín.
En el oscuro cielo Venus bella temblando lucía,
como incrustado en ébano un dorado y divino jazmín.

A mi alma enamorada, una reina oriental parecía,
que esperaba a su amante, bajo el techo de su camarín,
o que, llevada en hombros, la profunda extensión recorría,
triunfante y luminosa, recostada sobre un palanquín.

«¡Oh reina rubia! —díjele—, mi alma quiere dejar su
y volar hacia ti, y tus labios de fuego besar;   [crisálida
y flotar en el nimbo que derrama en tu frente luz pálida,

y en siderales éxtasis no dejarte un momento de amar.»
El aire de la noche refrescaba la atmósfera cálida.
Venus, desde el abismo, me miraba con triste mirar.

De invierno

En invernales horas, mirad a Carolina.
Medio apelotonada, descansa en el sillón,
envuelta con su abrigo de marta cibelina
y no lejos del fuego que brilla en el salón.

El fino angora blanco junto a ella se reclina,
rozando con su hocico la falda de Alençón,
no lejos de las jarras de porcelana china
que medio oculta un biombo de seda del Japón.

Con sus sutiles filtros la invade un dulce sueño;
entro, sin hacer ruido; dejo mi abrigo gris;
voy a besar su rostro, rosado y halagüeño

como una rosa roja que fuera flor de lis.
Abre los ojos, mírame con su mirar risueño,
y en tanto cae la nieve del cielo de París.

[Era un aire suave...]

Era un aire suave, de pausados giros;
el hada Harmonía ritmaba sus vuelos,
e iban frases vagas y tenues suspiros
entre los sollozos de los violoncelos.

Sobre la terraza, junto a los ramajes,
diríase un trémolo de liras eolias
cuando acariciaban los sedosos trajes,
sobre el tallo erguidas, las blancas magnolias.

La marquesa Eulalia risas y desvíos
daba a un tiempo mismo para dos rivales:
el vizconde rubio de los desafíos
y el abate joven de los madrigales.

Cerca, coronado con hojas de viña,
reía en su máscara Término barbudo,
y, como un efebo que fuese una niña,
mostraba una Diana su mármol desnudo.

Y bajo un boscaje del amor palestra,
sobre el rico zócalo al modo de Jonia,
con un candelabro prendido en la diestra
volaba el Mercurio de Juan de Bolonia.

La orquesta perlaba sus mágicas notas;
un coro de sones alados se oía;
galantes pavanas, fugaces gavotas
cantaban los dulces violines de Hungría.

Al oír las quejas de sus caballeros,
ríe, ríe, ríe la divina Eulalia,
pues son un tesoro las flechas de Eros,
el cinto de Cipria, la rueca de Onfalia.

¡Ay de quien sus mieles y frases recoja!
¡Ay de quien del canto de su amor se fíe!
Con sus ojos lindos y su boca roja,
la divina Eulalia ríe, ríe, ríe.

Tiene azules ojos, es maligna y bella;
cuando mira, vierte viva luz extraña;
se asoma a las húmedas pupilas de estrella
el alma del rubio cristal de Champaña.

Es noche de fiesta, y el baile de trajes
ostenta su gloria de triunfos mundanos.
La divina Eulalia, vestida de encajes,
una flor destroza con sus tersas manos.

El teclado armónico de su risa fina
a la alegre música de un pájaro iguala.
Con los *staccati* de una bailarina
y las locas fugas de una colegiala.

¡Amoroso pájaro que trinos exhala
bajo el ala a veces ocultando el pico;
que desdenes rudos lanza bajo el ala,
bajo el ala aleve del leve abanico!

Cuando a medianoche sus notas arranque
y en arpegios áureos gima Filomela,
y el ebúrneo cisne, sobre el quieto estanque,
como blanca góndola imprima su estela,

la marquesa alegre llegará al boscaje,
boscaje que cubre la amable glorieta
donde han de estrecharla los brazos de un paje,
que siendo su paje será su poeta.

Al compás de un canto de artista de Italia
que en la brisa errante la orquesta deslíe,
junto a los rivales, la divina Eulalia,
la divina Eulalia ríe, ríe, ríe.

¿Fue acaso en el tiempo del rey Luis de Francia,
sol con corte de astros, en campos de azur,
cuando los alcázares llenó de fragancia
la regia y pomposa rosa Pompadour?

¿Fue cuando la bella su falda cogía
con dedos de ninfa, bailando el minué,
y de los compases el ritmo seguía
sobre el tacón rojo, lindo y leve el pie?

¿O cuando pastoras de floridos valles
ornaban con cintas sus albos corderos,
y oían, divinas Tirsis de Versalles,
las declaraciones de sus caballeros?

¿Fue en ese buen tiempo de duques pastores,
de amantes princesas y tiernos galanes,
cuando entre sonrisas y perlas y flores
iban las casacas de los chambelanes?

¿Fue acaso en el Norte o en el Mediodía?
Yo el tiempo y el día y el país ignoro;
pero sé que Eulalia ríe todavía,
¡y es crüel y eterna su risa de oro!

(1893)

Divagación

¿Vienes? Me llega aquí, pues que suspiras,
un soplo de las mágicas fragancias
que hicieron los delirios de las liras
en las Grecias, las Romas y las Francias.

¡Suspira así! Revuelen las abejas,
al olor de la olímpica ambrosía,
en los perfumes que en el aire dejas;
y el dios de piedra se despierte y ría.

Y el dios de piedra se despierte y cante
la gloria de los tirsos florecientes
en el gesto ritual de la bacante
de rojos labios y nevados dientes;

en el gesto ritual que en las hermosas
Ninfalias guía a la divina hoguera,
hoguera que hace llamear las rosas
en las manchadas pieles de pantera.

Y pues amas reír, ríe, y la brisa
lleve el son de los líricos cristales
de tu reír, y haga temblar la risa
la barba de los Términos joviales.

Mira hacia el lado del boscaje, mira
blanquear el muslo de marfil de Diana,
y después de la Virgen, la Hetaira
diosa, su blanca, rosa y rubia hermana.

Pasa en busca de Adonis; sus aromas
deleitan a las rosas y los nardos;
síguela una pareja de palomas,
y hay tras ella una fuga de leopardos.

*

¿Te gusta amar en griego? Yo las fiestas
galantes busco, en donde se recuerde,
al suave son de rítmicas orquestas,
la tierra de la luz y el mirto verde.

(Los abates refieren aventuras
a las rubias marquesas. Soñolientos
filósofos defienden las ternuras
del amor, con sutiles argumentos.

Mientras que surge de la verde grama,
en la mano el acento de Corinto,
una ninfa a quien puso un epigrama
Beaumarchais, sobre el mármol de su plinto.

Amo más que la Grecia de los griegos
la Grecia de la Francia, porque en Francia,
al eco de las Risas y los Juegos,
su más dulce licor Venus escancia.

Demuestran más encantos y perfidias,
coronadas de flores y desnudas,
las diosas de Clodión que las de Fidias;
unas cantan francés, otras son mudas.

Verlaine es más que Sócrates; y Arsenio
Houssaye supera al viejo Anacreonte.
En París reinan el Amor y el Genio:
ha perdido su imperio el dios bifronte.

Monsieur Prudhomme y Homais no saben nada.
Hay Chipres, Pafos, Tempes y Amatuntes,
donde el amor de mi madrina, un hada,
tus frescos labios a los míos juntes.)

*

Sones de bandolín. El rojo vino
conduce un paje rojo. ¿Amas los sones
del bandolín, y un amor florentino?
Serás la reina en los decamerones.

(Un coro de poetas y pintores
cuenta historias picantes. Con maligna
sonrisa alegre aprueban los señores.
Celia enrojece, una dueña se signa.)

¿O un amor alemán? —que no han sentido
jamás los alemanes—: la celeste
Gretchen; claro de luna; el aria; el nido
del ruiseñor; y en una roca agreste,

la luz de nieve que del cielo llega
y baña a una hermosura que suspira
la queja vaga que a la noche entrega
Loreley en la lengua de la lira.

Y sobre el agua azul el caballero
Lohengrín; y su cisne, cual si fuese
un cincelado témpano viajero,
con su cuello enarcado en forma de ese.

Y del divino Enrique Heine un canto,
a la orilla del Rhin; y del divino
Wolfang la larga cabellera, el manto;
y de la uva teutona, el blanco vino.

O amor lleno de sol, amor de España,
amor lleno de púrpuras y oros;
amor que da el clavel, la flor extraña
regada con la sangre de los toros;

flor de gitanas, flor que amor recela,
amor de sangre y luz, pasiones locas;
flor que trasciende a clavo y a canela,
roja cual las heridas y las bocas.

*

¿Los amores exóticos acaso...?
Como rosa de Oriente me fascinas:
me deleitan la seda, el oro, el raso.
Gautier adoraba a las princesas chinas.

¡Oh bello amor de mil genuflexiones:
torres de kaolín, pies imposibles,
tazas de té, tortugas y dragones,
y verdes arrozales apacibles!

Amame en chino, en el sonoro chino
de Li-Tai-Pe. Yo igualaré a los sabios
poetas que interpretan el destino;
madrigalizaré junto a tus labios.

Diré que eres más bella que la Luna;
que el tesoro del cielo es menos rico
que el tesoro que vela la importuna
caricia de marfil de tu abanico.

*

Amame japonesa, japonesa
antigua, que no sepa de naciones
occidentales: tal una princesa
con las pupilas llenas de visiones,

que aún ignorase en la sagrada Kioto,
en su labrado camarín de plata
ornado al par de crisantemo y loto,
la civilización del Yamagata.

O con amor hindú que alza sus llamas
en la visión suprema de los mitos,
y hacen temblar en misteriosas bramas
la iniciación de los sagrados ritos,

en tanto mueven tigres y panteras
sus hierros, y en los fuertes elefantes
sueñan con ideales bayaderas
los rajahs, constelados de brillantes.

O negra, negra como la que canta
en su Jerusalén el rey hermoso,
negra que haga brotar bajo su planta
la rosa y la cicuta del reposo...

Amor, en fin, que todo diga y cante,
amor que encante y deje sorprendida
a la serpiente de ojos de diamante
que está enroscada al árbol de la vida.

Amame así, fatal cosmopolita,
universal, inmensa, única, sola
y todas; misteriosa y erudita:
ámame mar y nube, espuma y ola.

Sé mi reina de Saba, mi tesoro;
descansa en mis palacios solitarios.
Duerme. Yo encenderé los incensarios.
Y junto a mi unicornio cuerno de oro,
tendrán rosas y miel tus dromedarios.

(Tigre Hotel, diciembre 1894.)

Sonatina

La princesa está triste…, ¿qué tendrá la princesa?
Los suspiros se escapan de su boca de fresa,
que ha perdido la risa, que ha perdido el color.
La princesa está pálida en su silla de oro,
está mudo el teclado de su clave sonoro;
y en un vaso, olvidada, se desmaya una flor.

El jardín puebla el triunfo de los pavos reales.
Parlanchina la dueña dice cosas banales,
y vestido de rojo piruetea el bufón.
La princesa no ríe, la princesa no siente;
la princesa persigue por el cielo de Oriente
la libélula vaga de una vaga ilusión.

¿Piensa acaso en el príncipe de Golconda o de China,
o en el que ha detenido su carroza argentina
para ver de sus ojos la dulzura de luz,
o en el rey de las islas de las rosas fragantes,
o en el que es soberano de los claros diamantes,
o en el dueño orgulloso de las perlas de Ormuz?

¡Ay! la pobre princesa de la boca de rosa
quiere ser golondrina, quiere ser mariposa,
tener alas ligeras, bajo el cielo volar;
ir al sol por la escala luminosa de un rayo,
saludar a los lirios con los versos de mayo,
o perderse en el viento sobre el trueno del mar.

Ya no quiere el palacio, ni la rueca de plata,
ni el halcón encantado, ni el bufón escarlata,
ni los cisnes unánimes en el lago de azur.
Y están tristes las flores por la flor de la corte;
los jazmines de Oriente, los nelumbos del Norte,
de Occidente las dalias y las rosas del Sur.

¡Pobrecita princesa de los ojos azules!
Está presa en sus oros, está presa en sus tules,
en la jaula de mármol del palacio real;
el palacio soberbio que vigilan los guardas,
que custodian cien negros con sus cien alabardas,
un lebrel que no duerme y un dragón colosal.

¡Oh, quién fuera hipsipila que dejó la crisálida!
(La princesa está triste. La princesa está pálida.)
¡Oh visión adorada de oro, rosa y marfil!
¡Quién volara a la tierra donde un príncipe existe
(la princesa está pálida, la princesa está triste),
más brillante que el alba, más hermosa que abril!

—Calla, calla, princesa —dice el hada madrina—;
en caballo con alas hacia acá se encamina,
en el cinto la espada y en la mano el azor,
el feliz caballero que te adora sin verte,
y que llega de lejos, vencedor de la Muerte,
a encenderte los labios con su beso de amor.

Canción de carnaval

> *Le carnaval s'amuse!*
> *Viens le chanter, ma Muse...*
>
>   BANVILLE.

Musa, la máscara apresta,
ensaya un aire jovial
y goza y ríe en la fiesta
        del Carnaval.

Ríe en la danza que gira,
muestra la pierna rosada,
y suene, como una lira,
        tu carcajada.

Para volar más ligera
ponte dos hojas de rosa,
como hace tu compañera
        la mariposa.

Y que en tu boca risueña,
que se une al alegre coro,
deje la abeja porteña
        su miel de oro.

Unete a la mascarada,
y mientras muequea un clown
con la faz pintarrajeada
        como Frank Brown;

mientras Arlequín revela
que al prisma sus tintes roba
y aparece Pulchinela
        con su joroba,

di a Colombina, la bella,
lo que de ella pienso yo,
y descorcha una botella
        para Pierrot.

Que él te cuente cómo rima
sus amores con la Luna
y te haga un poema en una
        pantomima.

Da al aire la serenata,
toca el auro bandolín,
lleva un látigo de plata
        para el *spleen*.

Sé lírica y sé bizarra;
con la cítara sé griega;
o gaucha, con la guitarra
    de Santos Vega.

Mueve tu espléndido torso
por las calles pintorescas,
y juega y adorna el Corso
    con rosas frescas.

De perlas riega un tesoro
de Andrade en el regio nido;
y en la hopalanda de Guido,
    polvo de oro.

Penas y duelos olvida,
canta deleites y amores;
busca la flor de las flores
    por Florida:

Con la armonía te encantas
de las rimas de cristal,
y deshojas a sus plantas
un madrigal.

Piruetea, baila, inspira
versos locos y joviales;
celebre la alegre lira
    los carnavales.

Sus gritos y sus canciones,
sus comparsas y sus trajes,
sus perlas, tintes y encajes
    y pompones.

Y lleve la rauda brisa,
sonora, argentina, fresca,
¡la victoria de tu risa
    funambulesca!

El *faisán*

Dijo sus secretos el faisán de oro:
—En el gabinete mi blanco tesoro,
de sus claras risas el divino coro,

las bellas figuras de los gobelinos,
los cristales llenos de aromados vinos,
las rosas francesas en los vasos chinos.

(Las rosas francesas, porque fue allá en Francia
donde en el retiro de la dulce estancia
esas frescas rosas dieron su fragancia.)

La cena esperaba. Quitadas las vendas,
iban mil amores de flechas tremendas
en aquella noche de Carnestolendas.

La careta negra se quitó la niña,
y tras el preludio de una alegre riña
apuró mi boca vino de su viña.

Vino de la viña de la boca loca,
que hace arder el beso, que el mordisco invoca.
¡Oh los blancos dientes de la loca boca!

En su boca ardiente yo bebí los vinos,
y, pinzas rosadas, sus dedos divinos
me dieron las fresas y los langostinos.

Yo la vestimenta de Pierrot tenía,
y aunque me alegraba y aunque me reía,
moraba en mi alma la melancolía.

La carnavalesca noche luminosa
dio a mi triste espíritu la mujer hermosa,
sus ojos de fuego, sus labios de rosa.

Y en el gabinete del café galante
ella se encontraba con su nuevo amante,
peregrino pálido de un país distante.

Llegaban los ecos de vagos cantares,
y se despedían de sus azahares
miles de purezas de los bulevares.

Y cuando el champaña me cantó su canto,
por una ventana vi que un negro manto
de nube, de Febo cubría el encanto.

Y dije a la amada de un día: —¿No viste
de pronto ponerse la noche tan triste?
¿Acaso la Reina de luz ya no existe?

Ella me miraba. Y el faisán cubierto
de plumas de oro: —«¡Pierrot, ten por cierto
que tu fiel amada, que la Luna, ha muerto!»

Margarita

In memoriam...

¿Recuerdas que querías ser una Margarita
Gautier? Fijo en mi mente tu extraño rostro está,
cuando cenamos juntos, en la primera cita,
en una noche alegre que nunca volverá.

Tus labios escarlata de púrpura maldita
sorbían el champaña del fino baccarat;
tus dedos deshojaban la blanca margarita,
«Sí... no... sí... no...», ¡y sabías que te adoraba ya!

Después, ¡oh flor de Histeria!, llorabas y reías;
tus besos y tus lágrimas tuve en mi boca yo;
tus risas, tus fragancias, tus quejas eran mías.

Y en una tarde triste de los más dulces días,
la Muerte, la celosa, por ver si me querías,
¡como a una margarita de amor te deshojó!

San Martín (Buenos Aires).

Coloquio de los centauros

A Paul Groussac.

En la isla en que detiene su esquife el argonauta
del inmortal Ensueño, donde la eterna pauta
de las eternas liras se escucha —Isla de oro
en que el tritón elige su caracol sonoro
y la sirena blanca va a ver el sol— un día
se oye un tropel vibrante de fuerza y de armonía.

Son los Centauros. Cubren la llanura. Les siente
la montaña. De lejos, forman son de torrente
que cae, su galope al aire que reposa
despierta, y estremece la hoja del laurel-rosa.

Son los Centauros. Unos, enormes, rudos; otros
alegres y saltantes como jóvenes potros;
unos con largas barbas como los padres-ríos;
otros imberbes, ágiles y de piafantes bríos,
y de robustos músculos, brazos y lomos aptos
para portar las ninfas rosadas en los raptos.

Van en galope rítmico. Junto a un fresco boscaje,
frente al gran Océano, se paran. El paisaje
recibe de la urna matinal luz sagrada
que el vasto azul suaviza con límpida mirada.
Y oyen seres terrestres y habitantes marinos
la voz de los crinados cuadrúpedos divinos.

QUIRÓN

Calladas las bocinas a los tritones gratas,
calladas las sirenas de labios escarlatas,

los carrillos de Eolo desinflados, digamos
junto al laurel ilustre de florecidos ramos
la gloria inmarcesible de las Musas hermosas
y el triunfo del terrible misterio de las cosas.
He aquí que renacen los lauros milenarios;
vuelven a dar su luz los viejos lampadarios;
y anímase en mi cuerpo de Centauro inmortal
la sangre del celeste caballo paternal.

RETO

Arquero luminoso, desde el Zodíaco llegas;
aún presas en las crines tienes abejas griegas;
aún del dardo herakleo muestras la roja herida
por do salir no pudo la esencia de tu vida.
¡Padre y Maestro excelso! Eres la fuente sana
de la verdad que busca la triste raza humana:
aún Esculapio sigue la vena de tu ciencia;
siempre el veloz Aquiles sustenta su existencia
con el manjar salvaje que le ofreciste un día,
y Herakles, descuidando su maza, en la armonía
de los astros, se eleva bajo el cielo nocturno…

QUIRÓN

La ciencia es flor del tiempo: mi padre fue Saturno.

ABANTES

Himnos a la sagrada Naturaleza; al vientre
de la tierra y al germen que entre las rocas y entre
las carnes de los árboles, y dentro humana forma
es un mismo secreto y es una misma norma,
potente y sutilísimo, universal resumen
de la suprema fuerza, de la virtud del Numen.

QUIRÓN

¡Himnos! Las cosas tienen un ser vital: las cosas
tienen raros aspectos, miradas misteriosas;
toda forma es un gesto, una cifra, un enigma;
en cada átomo existe un incógnito estigma;
cada hoja de cada árbol canta un propio cantar
y hay un alma en cada una de las gotas del mar;
el vate, el sacerdote, suele oír el acento
desconocido; a veces enuncia el vago viento
un misterio, y revela una inicial la espuma
o la flor; y se escuchan palabras de la bruma.
Y el hombre favorito del Numen, en la linfa
o la ráfaga encuentra mentor —demonio o ninfa.

FOLO

El biforme ixionida comprende de la altura,
por la materna gracia, la lumbre que fulgura,
la nube que se anima de luz y que decora
el pavimento en donde rige su carro Aurora,
y la banda de Iris que tiene siete rayos
cual la lira en sus brazos siete cuerdas, los mayos
en la fragante tierra llenos de ramos bellos,
y el Polo coronado de cándidos cabellos.
El ixionida pasa veloz por la montaña
rompiendo con el pecho de la maleza huraña
los erizados brazos, las cárceles hostiles;
escuchan sus orejas los ecos más sutiles;
sus ojos atraviesan las intrincadas hojas
mientras sus manos toman para sus bocas rojas
las frescas bayas altas que el sátiro codicia;
junto a la oculta fuente su mirada acaricia
las curvas de las ninfas del séquito de Diana;
pues en su cuerpo corre también la esencia humana
unida a la corriente de la savia divina
y a la salvaje sangre que hay en la bestia equina.
Tal el hijo robusto de Ixión y de la Nube.

QUIRÓN

Sus cuatro patas bajan; su testa erguida sube.

ORNEO

Yo comprendo el secreto de la bestia. Malignos
seres hay y benignos. Entre ellos se hacen signos
de bien y de mal, de odio o de amor, o de pena
o gozo: el cuervo es malo y la torcaz es buena.

QUIRÓN

Ni es la torcaz benigna, ni es el cuervo protervo:
son formas del Enigma la paloma y el cuervo.

ASTILO

El Enigma es el soplo que hace cantar la lira.

NESO

¡El Enigma es el rostro fatal de Deyanira!
Mi espalda aún guarda el dulce perfume de la bella;
aún mis pupilas llaman su claridad de estrella.
¡Oh aroma de su sexo!, ¡oh rosas y alabastros!
¡Oh envidia de las flores y celos de los astros!

QUIRÓN

Cuando del sacro abuelo la sangre luminosa
con la marina espuma formara nieve y rosa,
hecha de rosa y nieve nació Anadiomena.
Al cielo alzó los brazos la lírica sirena;

los curvos hipocampos sobre las verdes ondas
levaron los hocicos; y caderas redondas,
tritónicas melenas y dorsos de delfines
junto a la Reina nueva se vieron. Los confines
del mar llenó el grandioso clamor; el universo
sintió que un nombre armónico sonoro como un verso
llenaba el hondo hueco de la altura: ese nombre
hizo gemir la tierra de amor: fue para el hombre
más alto que el de Jove, y los números mismos
lo oyeron asombrados; los lóbregos abismos
tuvieron una gracia de luz. ¡VENUS impera!
Ella es entre las reinas celestes la primera,
pues es quien tiene el fuerte poder de la Hermosura.
¡Vaso de miel y mirra brotó de la amargura!
Ella es la más gallarda de las emperatrices,
princesa de los gérmenes, reina de las matrices,
señora de las savias y de las atracciones,
señora de los besos y de los corazones.

EURETO

¡No olvidaré los ojos radiantes de Hipodamia!

HIPEA

Yo sé de la hembra humana la original infamia.
Venus anima artera sus máquinas fatales;
tras los radiantes ojos ríen traidores males;
de su floral perfume se exhala sutil daño;
su cráneo oscuro alberga bestialidad y engaño.
Tiene las formas puras del ánfora, y la risa
del agua que la brisa riza y el sol irisa;
mas la ponzoña ingénita su máscara pregona:
mejores son el águila, la yegua y la leona.
De su húmeda impureza brota el calor que enerva
los mismos sacros dones de la imperial Minerva;

y entre sus duros pechos, lirios del Aqueronte,
hay un olor que llena la barca de Caronte.

ODITES

Como una miel celeste hay en su lengua fina;
su piel de flor aún húmeda está de agua marina.
Yo he visto de Hipodamia la faz encantadora,
la cabellera espesa, la pierna vencedora;
ella de la hembra humana fuera ejemplar augusto;
ante su rostro olímpico no habría rostro adusto;
las Gracias junto a ella quedarían confusas,
y las ligeras Horas y las sublimes Musas
por ella detuvieran sus giros y su canto.

HIPEA

Ella la causa fuera de inenarrable espanto:
por ella el ixionida dobló su cuello fuerte.
La hembra humana es hermana del Dolor y la Muerte.

QUIRÓN

Por suma ley un día llegará el himeneo
que el soñador aguarda: Cinis será Ceneo;
claro será el origen del femenino arcano:
la Esfinge tal secreto dirá a su soberano.

CLITO

Naturaleza tiende sus brazos y sus pechos
a los humanos seres; la clave de los hechos
conócela el vidente; Homero con su báculo,
en su gruta Deífobe, la lengua del Oráculo.

CAUMANTES

El monstruo expresa un ansia del corazón del Orbe;
en el Centauro el bruto la vida humana absorbe;
el sátiro es la selva sagrada y la lujuria,
une sexuales ímpetus a la armoniosa furia.
Pan junta la soberbia de la montaña agreste
al ritmo de la inmensa mecánica celeste;
la boca melodiosa que atrae en Sirenusa
es de la fiera alada y es de la suave musa;
con la bicorne bestia Pasifae se ayunta,
Naturaleza sabia formas diversas junta,
y cuando tiende al hombre la gran Naturaleza,
el monstruo, siendo el símbolo, se viste de belleza.

GRINEO

Yo amo lo inanimado que amó el divino Hesiodo.

QUIRÓN

Grineo, sobre el mundo tiene un ánima todo.

GRINEO

He visto, entonces, raros ojos fijos en mí:
los vivos ojos rojos del alma del rubí;
los ojos luminosos del alma del topacio
y los de la esmeralda que del azul espacio
la maravilla imitan; los ojos de las gemas
de brillos peregrinos y mágicos emblemas.
Amo el granito duro que el arquitecto labra
y el mármol en que duermen la línea y la palabra.

QUIRÓN

A Deucalión y a Pirra, varones y mujeres
las piedras aún intactas dijeron: «¿Qué nos quieres?»

LÍCIDAS

Yo he visto los lemures flotar, en los nocturnos
instantes, cuando escuchan los bosques taciturnos
el loco grito de Atis que su dolor revela
o la maravillosa canción de Filomela.
El galope apresuro, si en el boscaje miro
manes que pasan, y oigo su fúnebre suspiro.
Pues de la Muerte el hondo, desconocido Imperio,
guarda el pavor sagrado de su fatal misterio.

ARNEO

La Muerte es de la Vida la inseparable hermana.

QUIRÓN

La Muerte es la victoria de la progenie humana.

MEDÓN

¡La Muerte! Yo la he visto. No es demacrada y mustia
ni ase corva guadaña, ni tiene faz de angustia.
Es semejante a Diana, casta y virgen como ella;
en su rostro hay la gracia de la núbil doncella
y lleva una guirnalda de rosas siderales.
En su siniestra tiene verdes palmas triunfales,
y en su diestra una copa con agua del olvido.
A sus pies, como un perro, yace un amor dormido.

AMICO

Los mismos dioses buscan la dulce paz que vierte.

QUIRÓN

La pena de los dioses es no alcanzar la Muerte.

EURETO

Si el hombre —Prometeo— pudo robar la vida,
la clave de la muerte seréle concedida.

QUIRÓN

La virgen de las vírgenes es inviolable y pura.
Nadie su casto cuerpo tendrá en la alcoba oscura,
ni beberá en sus labios el grito de victoria,
ni arrancará a su frente las rosas de su gloria.
... ...

*

Mas he aquí que Apolo se acerca al meridiano.
Sus truenos prolongados repite el Oceano.
Bajo el dorado carro del reluciente Apolo
vuelve a inflar sus carrillos y sus odres Eolo.
A lo lejos, un templo de mármol se divisa
entre laureles-rosa que hace cantar la brisa.
Con sus vibrantes notas de Céfiro desgarra
la veste transparente la helénica cigarra,
y por el llano extenso van en tropel sonoro
los Centauros, y al paso, tiembla la Isla de Oro.

El Cisne

A Ch. Del Gouffre.

Fue en una hora divina para el género humano.
El Cisne antes cantaba sólo para morir.
Cuando se oyó el acento del Cisne wagneriano
fue en medio de una aurora, fue para revivir.

Sobre las tempestades del humano océano
se oye el canto del Cisne; no se cesa de oír,
dominando el martillo del viejo Thor germano
o las trompas que cantan la espada de Argantir.

¡Oh Cisne! ¡Oh sacro pájaro! Si antes la blanca Helena
del huevo azul de Leda brotó de gracia llena,
siendo de la hermosura la princesa inmortal,

bajo tus blancas alas la nueva Poesía
concibe en una gloria de luz y de armonía
la Helena eterna y pura que encarna el ideal.

Año nuevo

A. J. *Piquet.*

A las doce de la noche, por las puertas de la gloria
y al fulgor de perla y oro de una luz extraterrestre,
sale en hombros de cuatro ángeles, y en su silla gestato-
                    San Silvestre.   [ria,

Más hermoso que un rey mago, lleva puesta la tiara,
de que son bellos diamantes Sirio, Arturo y Orión;
y el anillo de su diestra, hecho cual si fuese para
                    Salomón.

Sus pies cubren los joyeles de la Osa adamantina,
y su capa raras piedras de una ilustre Visapur;
y colgada sobre el pecho resplandece la divina
                    Cruz del Sur.

Va el pontífice hacia Oriente; ¿va a encontrar el áureo
                                        [barco,
donde al brillo de la aurora viene en triunfo el rey Enero?
Ya la aljaba de Diciembre se fue toda por el arco
                    del Arquero.

A la orilla del abismo misterioso de lo Eterno
el inmenso Sagitario no se cansa de flechar;
le sustenta el frío Polo, lo corona el blanco Invierno
y le cubre los riñones el vellón azul del mar.

Cada flecha que dispara, cada flecha es una hora;
doce aljabas, cada año, para él trae el rey Enero;
en la sombra se destaca la figura vencedora
          del Arquero.

Al redor de la figura del gigante se oye el vuelo
misterioso y fugitivo de las almas que se van,
y el ruido con que pasa por la bóveda del cielo
con sus alas membranosas el murciélago Satán.

San Silvestre, bajo el palio de un zodíaco de virtudes,
del celeste Vaticano se detiene en los umbrales
mientras himnos y motetes canta un coro de laúdes
          inmortales.

Reza el santo y pontifica; y al mirar que viene el barco
donde en triunfo llega Enero,
ante Dios bendice al mundo; y su brazo abarca el arco
          y el Arquero.

† *Verlaine. Responso*

                                        A Angel Estada, poeta.

Padre y maestro mágico, liróforo celeste
que al instrumento olímpico y a la siringa agreste
          diste tu acento encantador;
¡Panida! ¡Pan tú mismo, que coros condujiste
hacia el propíleo sacro que amaba tu alma triste,
          al son del sistro y del tambor!

Que tu sepulcro cubra de flores Primavera,
que se humedezca el áspero hocico de la fiera
        de amor si pasa por allí;
que el fúnebre recinto visite Pan bicorne;
que de sangrientas rosas el fresco abril te adorne
        y de claveles de rubí.

Que si posarse quiere sobre la tumba el cuervo,
ahuyente la negrura del pájaro protervo
        el dulce canto de cristal
que Filomela vierta sobre tus tristes huesos,
o la armonía dulce de risas y de besos
        de culto oculto y florestal.

Que púberes canéforas te ofrenden el acanto;
que sobre tu sepulcro no se derrame el llanto,
        sino rocío, vino, miel;
que el pámpano allí brote, las flores de Citeres,
¡y que se escuchen vagos suspiros de mujeres
        bajo un simbólico laurel!

Que si un pastor su pífano bajo el frescor del haya,
en amorosos días, como en Virgilio, ensaya,
        tu nombre ponga en la canción;
y que la virgen náyade, cuando ese nombre escuche
con ansias y temores entre las linfas luche,
        llena de miedo y de pasión.

De noche, en la montaña, en la negra montaña
de las Visiones, pase gigante sombra extraña,
        sombra de un Sátiro espectral;
que ella al centauro adusto con su grandeza asuste;
de una extrahumana flauta la melodía ajuste
        a la armonía sideral.

Y huya el tropel equino por la montaña vasta;
tu rostro de ultratumba bañe la Luna casta
        de compasiva y blanca luz;

y el Sátiro contemple sobre un lejano monte
una cruz que se eleve cubriendo el horizonte
            ¡y un resplandor sobre la cruz!

El reino interior

                              A Eugenio de Castro

                              ... with Psychis, my soul.

                                            POE.

Una selva suntuosa
en el azul celeste su rudo perfil calca.
Un camino. La tierra es de color de rosa,
cual la que pinta fra Doménico Cavalca
en sus Vidas de santos. Se ven extrañas flores
de la flora gloriosa de los cuentos azules,
y entre las ramas encantadas, papemores
cuyo canto extasiara de amor a los bulbules.
(Papemor: ave rara; Bulbules: ruiseñores.)

*

Mi alma frágil se asoma a la ventana oscura
de la torre terrible en que ha treinta años sueña.
La gentil Primavera primavera le augura.
La vida le sonríe rosada y halagüeña.
Y ella exclama: «¡Oh fragante día! ¡Oh sublime día!
Se diría que el mundo está en flor; se diría
que el corazón sagrado de la tierra se mueve
con un ritmo de dicha: luz brota, gracia llueve.
¡Yo soy la prisionera que sonríe y que canta!»
Y las manos liliales agita, como infanta
real en los balcones del palacio paterno.

*

¿Qué son se escucha, son lejano, vago y tierno?
Por el lado derecho del camino adelanta

el paso leve una adorable teoría
virginal. Siete blancas doncellas, semejantes
a siete blancas rosas de gracia y de armonía
que el alba constelara de perlas y diamantes.
¡Alabastros celestes habitados por astros:
Dios se refleja en esos dulces alabastros!
Sus vestes son tejidos del lino de la Luna.
Van descalzas. Se mira que posan el pie breve
sobre el rosado suelo, como una flor de nieve.
Y los cuellos se inclinan, imperiales, en una
manera que lo excelso pregona de su origen.
Como al compás de un verso su suave paso rigen.
Tal el divino Sandro dejara en sus figuras
esos graciosos gestos en esas líneas puras.
Como a un velado son de liras y laúdes,
divinamente blancas y castas pasan esas
siete bellas princesas. Y esas bellas princesas
son las siete Virtudes.

*

Al lado izquierdo del camino y paralela-
mente, siete mancebos —oro, seda, escarlata,
armas ricas de Oriente— hermosos, parecidos
a los satanes verlenianos de Ecbatana,
vienen también. Sus labios sensuales y encendidos,
de efebos criminales, son cual rosas sangrientas;
sus puñales, de piedras preciosas revestidos
—ojos de víboras de luces fascinantes—,
al cinto penden; arden las púrpuras violentas
en los jubones; ciñen las cabezas triunfantes
oro y rosas; sus ojos, ya lánguidos, ya ardientes,
son dos carbunclos mágicos de fulgor sibilino,
y en sus manos de ambiguos príncipes decadentes
relucen como gemas las uñas de oro fino.
Bellamente infernales,
llenan el aire de hechiceros beneficios

esos siete mancebos. Y son los siete Vicios,
los siete poderosos pecados capitales.

*

Y los siete mancebos a las siete doncellas
lanzan vivas miradas de amor. Las Tentaciones.
De sus liras melifluas arrancan vagos sones.
Las princesas prosiguen, adorables visiones
en su blancura de palomas y de estrellas.
Unos y otras se pierden por la vía de rosa,
y el alma mía queda pensativa a su paso.
—«¡Oh! ¿Qué hay en ti, alma mía?
¡Oh! ¿Qué hay en ti, mi pobre infanta misteriosa?
¿Acaso piensas en la blanca teoría?

¿Acaso
los brillantes mancebos te atraen, mariposa?»
Ella no me responde.
Pensativa se aleja de la oscura ventana
—pensativa y risueña.
de la Bella-durmiente-del-bosque tierna hermana—,
y se adormece en donde
hace treinta años sueña.

*

Y en sueño dice: «¡Oh dulces delicias de los cielos!
¡Oh tierra sonrosada que acarició mis ojos!
—¡Princesas, envolvedme con vuestros blancos velos!
—¡Príncipes, estrechadme con vuestros brazos rojos!»

Cosas del Cid

A Francisco A. de Icaza.

Cuenta Barbey, en versos que valen bien su prosa,
una hazaña del Cid, fresca como una rosa,
pura como una perla. No se oyen en la hazaña

resonar en el viento las trompetas de España,
ni el azorado moro las tiendas abandona
al ver al sol el alma de acero de Tizona.

Babieca, descansando del huracán guerrero,
tranquilo pace, mientras el bravo caballero
sale a gozar del aire de la estación florida.
Ríe la primavera, y el vuelo de la vida
abre lirios y sueños en el jardín del mundo.
Rodrigo de Vivar pasa, meditabundo,
por una senda en donde, bajo el sol glorioso,
tendiéndole la mano, le detiene un leproso.

Frente a frente, el soberbio príncipe del estrago
y la victoria, joven, bello como Santiago;
y el horror animado, la viviente carroña
que infecta los suburbios de hedor y de ponzoña.

Y al Cid tiende la mano el siniestro mendigo,
y su escarcela busca y no encuentra Rodrigo.
—¡Oh, Cid, una limosna! —dice el precito.
                                        —Hermano,
¡te ofrezco la desnuda limosna de mi mano!
—dice el Cid; y, quitando su férreo guante, extiende
la diestra al miserable, que llora y que comprende.

Tal es el sucedido que el Condestable escancia
como un vino precioso en su copa de Francia.
Yo agregaré este sorbo de licor castellano:

*

Cuando su guantelete hubo vuelto a la mano,
el Cid siguió su rumbo por la primaveral
senda. Un pájaro daba su nota de cristal
en un árbol. El cielo profundo desleía
un perfume de gracia en la gloria del día.
Las ermitas lanzaban en el aire sonoro
su melodiosa lluvia de tórtolas de oro;
el alma de las flores iba por los caminos

a unirse a la piadosa voz de los peregrinos
y el gran Rodrigo Díaz de Vivar, satisfecho,
iba cual si llevase una estrella en su pecho.
Cuando de la campiña, aromada de esencia
sutil, salió una niña vestida de inocencia,
una niña que fuera una mujer, de franca
y angélica pupila, y muy dulce y muy blanca.
Una niña que fuera un hada, o que surgiera
encarnación de la divina Primavera.

Y fue al Cid y le dijo: «Alma de amor y fuego,
por Jimena y por Dios un regalo te entrego,
esta rosa naciente y este fresco laurel.»
Y el Cid, sobre su yelmo las frescas hojas siente,
en su guante de hierro hay una flor naciente,
y en lo íntimo del alma como un dulzor de miel.

*Cantos de vida y de esperanza,
los cisnes y otros poemas*
(1905)

A J. Enrique Rodó.

[Yo soy aquel...]

Yo soy aquel que ayer no más decía
el verso azul y la canción profana,
en cuya noche un ruiseñor había
que era alondra de luz por la mañana.

El dueño fui de mi jardín de sueño,
lleno de rosas y de cisnes vagos;
el dueño de las tórtolas, el dueño
de góndolas y liras en los lagos;

y muy siglo diez y ocho y muy antiguo
y muy moderno; audaz, cosmopolita;
con Hugo fuerte y con Verlaine ambiguo,
una sed de ilusiones infinita.

Yo supe de dolor desde mi infancia;
mi juventud..., ¿fue juventud la mía?
Sus rosas aún me dejan la fragancia,
una fragancia de melancolía...

Potro sin freno se lanzó mi instinto,
mi juventud montó potro sin freno;
iba embriagada y con puñal al cinto;
si no cayó, fue porque Dios es bueno.

En mi jardín se vio una estatua bella,
se juzgó mármol y era carne viva;
una alma joven habitaba en ella,
sentimental, sensible, sensitiva.

Y tímida ante el mundo, de manera
que, encerrada en silencio, no salía
sino cuando en la dulce primavera
era la hora de la melodía...

Hora de ocaso y de discreto beso;
hora crepuscular y de retiro;
hora de madrigal y de embeleso,
de «te adoro», de «¡ay!» y de suspiro.

Y entonces era en la dulzaina un juego
de misteriosas gamas cristalinas,
un renovar de notas del Pan griego
y un desgranar de músicas latinas,

con aire tal y con ardor tan vivo,
que a la estatua nacían de repente
en el muslo viril patas de chivo
y dos cuernos de sátiro en la frente.

Como la Galatea gongorina
me encantó la marquesa verleniana,
y así juntaba a la pasión divina
una sensual hiperestesia humana;

todo ansia, todo ardor, sensación pura
y vigor natural; y sin falsía,
y sin comedia y sin literatura...
si hay una alma sincera, ésa es la mía.

La torre de marfil tentó mi anhelo;
quise encerrarme dentro de mí mismo,
y tuve hambre de espacio y sed de cielo
desde las sombras de mi propio abismo.

Como la esponja que la sal satura
en el jugo del mar, fue el dulce y tierno
corazón mío, henchido de amargura
por el mundo, la carne y el infierno.

Mas, por gracia de Dios, en mi conciencia
el Bien supo elegir la mejor parte;
y si hubo áspera hiel en mi existencia,
melificó toda acritud el Arte.

Mi intelecto libré de pensar bajo,
bañó el agua castalia el alma mía,
peregrinó mi corazón y trajo
de la sagrada selva la armonía.

¡Oh, la selva sagrada! ¡Oh, la profunda
emanación del corazón divino
de la sagrada selva! ¡Oh, la fecunda
fuente cuya virtud vence al destino!

Bosque ideal que lo real complica,
allí el cuerpo arde y vive y Psiquis vuela;
mientras abajo el sátiro fornica,
ebria de azul deslíe Filomela,

perla de ensueño y música amorosa
en la cúpula en flor del laurel verde;
Hipsipila sutil liba en la rosa,
y la boca del fauno el pezón muerde.

Allí va el dios en celo tras la hembra,
y la caña de Pan se alza del lodo;
la eterna vida sus semillas siembra,
y brota la armonía del gran Todo.

El alma que entra allí debe ir desnuda,
temblando de deseo y fiebre santa,
sobre cardo heridor y espina aguda:
así sueña, así vibra y así canta.

Vida, luz y verdad, tal triple llama
produce la interior llama infinita.
El Arte puro como Cristo exclama:
Ego sum lux et veritas et vita!

Y la vida es misterio, la luz ciega
y la verdad inaccesible asombra;
la adusta perfección jamás se entrega,
y el secreto ideal duerme en la sombra.

Por eso ser sincero es ser potente;
de desnuda que está, brilla la estrella;
el agua dice el alma de la fuente
en la voz de cristal que fluye d'ella.

Tal fue mi intento, hacer del alma pura
mía, una estrella, una fuente sonora,
con el horror de la literatura
y loco de crepúsculo y de aurora.

Del crepúsculo azul que da la pauta
que los celestes éxtasis inspira,
bruma y tono menor — ¡toda la flauta!
y Aurora, hija del Sol — ¡toda la lira!

Pasó una piedra que lanzó una honda;
pasó una flecha que aguzó un violento.
La piedra de la honra fue a la onda,
y la flecha del odio fuese al viento.

La virtud está en ser tranquilo y fuerte;
con el fuego interior todo se abrasa;
se triunfa del rencor y de la muerte,
y hacia Belén... ¡la caravana pasa!

Salutación del optimista

Ínclitas razas ubérrimas, sangre de Hispania fecunda,
espíritus fraternos, luminosas almas, ¡salve!
Porque llega el momento en que habrán de cantar nuevos
[himnos
lenguas de gloria. Un vasto rumor llena los ámbitos;
mágicas ondas de vida van renaciendo de pronto;
retrocede el olvido, retrocede engañada la muerte;
se anuncia un reino nuevo, feliz sibila sueña
y en la caja pandórica, de que tantas desgracias surgieron,
encontramos de súbito, talismánica, pura, rïente,
cual pudiera decirla en su verso Virgilio divino,
la divina reina de luz, ¡la celeste Esperanza!

Pálidas indolencias, desconfianzas fatales que a tumba
o a perpetuo presidio condenasteis al noble entusiasmo,
ya veréis al salir del sol en un triunfo de liras,
mientras dos continentes, abonados de huesos gloriosos,
del Hércules antiguo la gran sombra soberbia evocando,
digan al orbe: la alta virtud resucita,
que a la hispana progenie hizo dueña de siglos.

Abominad la boca que predice desgracias eternas,
abominad los ojos que ven sólo zodíacos funestos,
abominad las manos que apedrean las ruinas ilustres,
o que la tea empuñan o la daga suicida.
Siéntense sordos ímpetus en las entrañas del mundo,
la inminencia de algo fatal hoy conmueve la Tierra;
fuertes colosos caen, se desbandan bicéfalas águilas,
y algo se inicia como vasto social cataclismo
sobre la faz del orbe. ¿Quién dirá que las savias dormidas
no despiertan entonces en el tronco del roble gigante
bajo el cual se exprimió la ubre de la loba romana?
¿Quién será el pusilánime que al vigor español niegue
[músculos

y que al alma española juzgase áptera y ciega y tullida?
No es Babilonia ni Nínive enterrada en olvido y en polvo
ni entre momias y piedras reina que habita el sepulcro,
la nación generosa, coronada de orgullo inmarchito,
que hacia el lado del alba fija las miradas ansiosas,
ni la que tras los mares en que yace sepultada la Atlán-
                                                    [tida,
tiene su coro de vástagos, altos, robustos y fuertes.

Únanse, brillen, secúndense tantos vigores dispersos;
formen todos un solo haz de energía ecuménica.
Sangre de Hispania fecunda, sólidas, ínclitas razas,
muestren los dones pretéritos que fueron antaño su
                                                    [triunfo
Vuelva el antiguo entusiasmo, vuelva el espíritu ardiente
que regará lenguas de fuego en esa epifanía.
Juntas las testas ancianas ceñidas de líricos lauros
y las cabezas jóvenes que la alta Minerva decora,
así los manes heroicos de los primitivos abuelos,
de los egregios padres que abrieron el surco pristino,
sientan los soplos agrarios de primaverales retornos
y el rumor de espigas que inició la labor triptolémica.

Un continente y otro renovando las viejas prosapias,
en espíritu unidos, en espíritu y ansias y lengua,
ven llegar el momento en que habrán de cantar nuevos
                                                    [himnos.

La latina estirpe verá la gran alba futura:
en un trueno de música gloriosa, millones de labios
saludarán la espléndida luz que vendrá del Oriente,
Oriente augusto, en donde todo lo cambia y renueva
la eternidad de Dios, la actividad infinita.
Y así sea Esperanza la visión permanente en nosotros.
¡Ínclitas razas ubérrimas, sangre de Hispania fecunda!

Al rey Oscar

Le Rois de Suède et de Norvège, après avoir visité Saint-Jean-de-Luz s'est rendu à Hendaye et à Fonterrabie. En arrivant sur le sol español, il a crié: «Vive l'Espagne!»

Le Figaro, mars 1899.

Así, sire, en el aire de la Francia nos llega
la paloma de plata de Suecia y de Noruega,
que trae en vez de olivo una rosa de fuego.

Un búcaro latino, un noble vaso griego
recibirá el regalo del país de la nieve.
Que a los reinos boreales el patrio viento lleve
otra rosa de sangre y de luz españolas;
pues sobre la sublime hermandad de las olas,
al brotar tu palabra, un saludo le envía
al sol de medianoche el sol de Mediodía.

Si Segismundo siente pesar, Hamlet se inquieta.
El Norte ama las palmas; y se junta el poeta
del fiord con el del carmen, porque el mismo oriflama
es de azur. Su divina cornucopia derrama
sobre el polo y el trópico la Paz; y el orbe gira
en un ritmo uniforme por una propia lira:
el Amor. Allá surge Sigurd que al Cid se aúna;
cerca de Dulcinea brilla el rayo de luna;
y la musa de Bécquer del ensueño es esclava
bajo un celeste palio de luz escandinava.

Sire de ojos azules, gracias: por los laureles
de cien bravos vestidos de honor; por los claveles
de la tierra andaluza y la Alhambra del moro;
por la sangre solar de una raza de oro;
por la armadura antigua y el yelmo de la gesta;
por las lanzas que fueron una vasta floresta
de gloria y que pasaron Pirineos y Andes;
por Lepanto y Otumba; por el Perú, por Flandes;

por Isabel que cree, por Cristóbal que sueña
y Velázquez que pinta y Cortés que domeña;
por el país sagrado en que Herakles afianza
sus macizas columnas de fuerza y esperanza,
mientras Pan trae el ritmo con la egregia siringa
que no hay trueno que apague ni tempestad que extinga;
por el león simbólico y la Cruz, gracias, sire.

¡Mientras el mundo aliente, mientras la esfera gire,
mientras la onda cordial aliente un sueño,
mientras haya una viva pasión, un noble empeño,
un buscado imposible, una imposible hazaña,
una América oculta que hallar, vivirá España!

¡Y pues tras la tormenta vienes de peregrino
real, a la morada que entristeció el destino,
la morada que viste luto su puerta abra
al purpúreo y ardiente vibrar de tu palabra:
y que sonría, oh rey Oscar, por un instante;
y tiemble en la flor áurea el más puro brillante
para quien sobre brillos de corona y de nombre,
con labios de monarca lanza un grito de hombre!

Cyrano en España

He aquí que Cyrano de Bergerac traspasa
de un salto el Pirineo. Cyrano está en su casa.
¿No es en España, acaso, la sangre vino y fuego?
Al gran Gascón saluda y abraza el gran Manchego.
¿No se hacen en España los más bellos castillos?
Roxanas encarnaron con rosas los Murillos,
y la hoja toledana que aquí Quevedo empuña
conócenla los bravos cadetes de Gascuña.
Cyrano hizo su viaje a la Luna; mas, antes,
ya el divino lunático de don Miguel Cervantes
pasaba entre las dulces estrellas de su sueño
jinete en el sublime pegaso Clavileño.
Y Cyrano ha leído la maravilla escrita,
y al pronunciar el nombre de Quijote, se quita

Bergerac el sombrero; Cyrano Balazote
siente que es lengua suya la lengua del Quijote.
Y la nariz heroica del gascón se diría
que husmea los dorados vinos de Andalucía.
Y la espada francesa, por él desenvainada,
brilla bien en la tierra de la capa y la espada.
¡Bien venido, Cyrano de Bergerac! Castilla
te da su idioma, y tu alma, como tu espada, brilla
al sol que allá en tus tiempos no se ocultó en España.
Tu nariz y penacho no están en tierra extraña,
pues vienes a la tierra de la Caballería.
Eres el noble huésped de Calderón. María
Roxana te demuestra que lucha la fragancia
de las rosas de España con las rosas de Francia,
y sus supremas gracias, y sus sonrisas únicas,
y sus miradas, astros que visten negras túnicas,
y la lira que vibra en su lengua sonora
te dan una Roxana de España, encantadora.
¡Oh poeta! ¡Oh celeste poeta de la facha
grotesca! Bravo y noble y sin miedo y sin tacha,
príncipe de locuras, de sueños y de rimas:
Tu penacho es hermano de las más altas cimas,
del nido de tu pecho una alondra se lanza,
un hada es tu madrina, y es la Desesperanza;
y en medio de la selva del duelo y del olvido
las nueve musas vendan tu corazón herido.
¿Allá en la Luna hallaste algún mágico prado
donde vaga el espíritu de Pierrot desolado?
¿Viste el palacio blanco de los locos del Arte?
¿Fue acaso la gran sombra de Píndaro a encontrarte?
¿Contemplaste la mancha roja que entre las rocas
albas forma el castillo de las Vírgenes locas?
¿Y en un jardín fantástiso de misteriosas flores
no oíste al melodioso Rey de los ruiseñores?
No juzgues mi curiosa demanda inoportuna,
pues todas esas cosas existen en la Luna.
¡Bien venido, Cyrano de Bergerac! Cyrano
de Bergerac, cadete y amante, y castellano

que trae los recuerdos que Durandal abona
al país en que aún brillan las luces de Tizona.
El Arte es el glorioso vencedor. Es el Arte
el que vence el espacio y el tiempo; su estandarte,
pueblos, es del espíritu el azul oriflama.
¿Qué elegido no corre si su trompeta llama?
Y a través de los siglos se contestan, oíd:
la Canción de Rolando y la Gesta del Cid.
Cyrano va marchando, poeta y caballero,
al redoblar sonoro del grave Romancero.
Su penacho soberbio tiene nuestra aureola.
Son sus espuelas finas de fábrica española.
Y cuando en su balada Rostand teje el envío,
creeríase a Quevedo rimando un desafío.
¡Bien venido, Cyrano de Bergerac! No seca
el tiempo el lauro; el viejo Corral de la Pacheca
recibe al generoso embajador del fuerte
Molière. En copla gala Tirso su vino vierte.
Nosotros exprimimos las uvas de Champaña
para beber por Francia y en un cristal de España.

A Roosevelt

¡Es con voz de la Biblia, o verso de Walt Whitman,
que habría que llegar hasta ti, Cazador!
Primitivo y moderno, sencillo y complicado,
con un algo de Washington y cuatro de Nemrod.
Eres los Estados Unidos,
eres el futuro invasor
de la América ingenua que tiene sangre indígena,
que aún reza a Jesucristo y aún habla en español.

Eres soberbio y fuerte ejemplar de tu raza;
eres culto, eres hábil; te opones a Tolstoy.
Y domando caballos, o asesinando tigres,
eres un Alejandro-Nabucodonosor.
(Eres un profesor de energía,
como dicen los locos de hoy.)

   Crees que la vida es incendio,
que el progreso es erupción;
en donde pones la bala
el porvenir pones.
                    No.

   Los Estados Unidos son potentes y grandes.
Cuando ellos se estremecen hay un hondo temblor
que pasa por las vértebras enormes de los Andes.
Si clamáis, se oye como el rugir del león.
Ya Hugo a Grant le dijo: «Las estrellas son vuestras.»
(Apenas brilla, alzándose, el argentino sol
y la estrella chilena se levanta...) Sois ricos.
Juntáis al culto de Hércules el culto de Mammón;
y alumbrando el camino de la fácil conquista,
la Libertad levanta su antorcha en Nueva York.

   Mas la América nuestra, que tenía poetas
desde los viejos tiempos de Netzahualcoyotl,
que ha guardado las huellas de los pies del gran Baco,
que el alfabeto pánico en un tiempo aprendió;
que consultó los astros, que conoció la Atlántida,
cuyo nombre nos llega resonando en Platón,
que desde los remotos momentos de su vida
vive de luz, de fuego, de perfume, de amor,
la América del gran Moctezuma, del Inca,
la América fragante de Cristóbal Colón,
la América católica, la América española,
la América en que dijo el noble Guatemoc:
«Yo no estoy en un lecho de rosas»; esa América
que tiembla de huracanes y que vive de Amor,
hombres de ojos sajones y alma bárbara, vive.
Y sueña. Y ama, y vibra; y es la hija del Sol.
Tened cuidado. ¡Vive la América española!
Hay mil cachorros sueltos del León Español.
Se necesitaría, Roosevelt, ser Dios mismo,
el Riflero terrible y el fuerte Cazador,
para poder tenernos en vuestras férreas garras.

   Y, pues contáis con todo, falta una cosa: ¡Dios!

Marcha triunfal

   ¡Ya viene el cortejo!
¡Ya viene el cortejo! Ya se oyen los claros clarines.
La espada se anuncia con vivo reflejo;
ya viene, oro y hierro, el cortejo de los paladines.

   Ya pasa debajo los arcos ornados de blancas Miner-
                                   [vas y Martes,
los arcos triunfales en donde las Famas erigen sus largas
la gloria solemne de los estandartes   [trompetas,
llevados por manos robustas de heroicos atletas.
Se escucha el ruido que forman las armas de los caba-
                                   [lleros,
los frenos que tascan los fuertes caballos de guerra,
los cascos que hieren la tierra
y los timbaleros,
que el paso acompasan con ritmos marciales.
¡Tal pasan los fieros guerreros
debajo los arcos triunfales!

   Los claros clarines de pronto levantan sus sones,
su canto sonoro,
su cálido coro,
que envuelve en un trueno de oro
la augusta soberbia de los pabellones.
Él dice la lucha, la herida venganza,
las ásperas crines,
los rudos penachos, la pica, la lanza,
la sangre que riega de heroicos carmines
la tierra;
los negros mastines
que azuza la muerte, que rige la guerra.

   Los áureos sonidos
anuncian el advenimiento
triunfal de la Gloria;
dejando el picacho que guarda sus nidos,

tendiendo sus alas enormes al viento,
los cóndores llegan. ¡Llegó la victoria!

Ya pasa el cortejo.
Señala el abuelo los héroes al niño.
Ved cómo la barba del viejo
los bucles de oro circundan de armiño.
Las bellas mujeres aprestan coronas de flores,
y bajo los pórticos vense sus rostros de rosa;
y la más hermosa
sonríe al más fiero de los vencedores.
¡Honor al que trae cautiva la extraña bandera;
honor al herido y honor a los fieles
soldados que muerte encontraron por mano extranjera!

¡Clarines! ¡Laureles!

Las nobles espadas de tiempos gloriosos,
desde sus panoplias saludan las nuevas coronas y lau-
[ros: —
Las viejas espadas de los granaderos, más fuertes que
[osos,
hermanos de aquellos lanceros que fueron centauros. —
Las trompas guerreras resuenan:
de voces los aires se llenan...
— A aquellas antiguas espadas,
a aquellos ilustres aceros,
que encarnan las glorias pasadas...
Y al sol que hoy alumbra las nuevas victorias ganadas,
y al héroe que guía su grupo de jóvenes fieros,
al que ama la insignia del suelo materno,
al que ha desafiado, ceñido el acero y el arma en la mano,
los soles del rojo verano,
las nieves y vientos del gélido invierno,
la noche, la escarcha
y el odio y la muerte, por ser por la patria inmortal,
¡saludan con voces de bronce las trompas de guerra que
[tocan la marcha
triunfal!...

Los cisnes

A Juan R. Jiménez.

¿Qué signo haces, oh Cisne, con tu encorvado cuello
al paso de los tristes y errantes soñadores?
¿Por qué tan silencioso de ser blanco y ser bello,
tiránico a las aguas e impasible a las flores?

Yo te saludo ahora como en versos latinos
te saludara antaño Publio Ovidio Nasón.
Los mismos ruiseñores cantan los mismos trinos,
y en diferentes lenguas es la misma canción.

A vosotros mi lengua no debe ser extraña.
A Garcilaso visteis, acaso, alguna vez...
Soy un hijo de América, soy un nieto de España...
Quevedo pudo hablaros en verso en Aranjuez...

Cisnes, los abanicos de vuestras alas frescas
den a las frentes pálidas sus caricias más puras
y alejen vuestras blancas figuras pintorescas
de nuestras mentes tristes las ideas oscuras.

Brumas septentrionales nos llenan de tristezas,
se mueren nuestras rosas, se agostan nuestras palmas,
casi no hay ilusiones para nuestras cabezas,
y somos los mendigos de nuestras pobres almas.

Nos predican la guerra con águilas feroces,
gerifaltes de antaño revienen a los puños,
mas no brillan las glorias de las antiguas hoces,
ni hay Rodrigos ni Jaimes, ni hay Alfonsos ni Nuños.

Faltos del alimento que dan las grandes cosas,
¿qué haremos los poetas sino buscar tus lagos?
A falta de laureles son muy dulces las rosas,
y a falta de victorias busquemos los halagos.

La América Española como la España entera
fija está en el Oriente de su fatal destino;
yo interrogo a la Esfinge que el porvenir espera con la
interrogación de tu cuello divino.

¿Seremos entregados a los bárbaros fieros?
¿Tantos millones de hombres hablaremos inglés?
¿Ya no hay nobles hidalgos ni bravos caballeros?
¿Callaremos ahora para llorar después?

He lanzado mi grito, Cisnes, entre vosotros,
que habéis sido los fieles en la desilusión,
mientras siento una fuga de americanos potros
y el estertor postrero de un caduco león...

...Y un cisne negro dijo: «La noche anuncia el día.»
Y uno blanco: «¡La aurora es inmortal, la aurora
es inmortal!» ¡Oh tierras de sol y de armonía,
aún guarda la Esperanza la caja de Pandora!

La dulzura del ángelus

La dulzura del ángelus matinal y divino
que diluyen ingenuas campanas provinciales,
en un aire inocente a fuerza de rosales,
de plegaria, de ensueño de virgen y de trino

de ruiseñor, opuesto todo al raudo destino
que no cree en Dios... El áureo ovillo vespertino
que la tarde devana tras opacos cristales
por tejer la inconsútil tela de nuestros males,

todos hechos de carne y aromados de vino...
Y esta atroz amargura de no gustar de nada,
de no saber adónde dirigir nuestra prora

mientras el pobre esquife en la noche cerrada
va en las hostiles olas huérfano de la aurora...
(¡Oh, suaves campanas entre la madrugada!)

Tarde del trópico

Es la tarde gris y triste.
Viste el mar de terciopelo
y el cielo profundo viste
de duelo.

Del abismo se levanta
la queja amarga y sonora.
La onda, cuando el viento canta,
llora.

Los violines de la bruma
saludan al sol que muere.
Salmodia la blanca espuma:
¡Miserere!

La armonía el cielo inunda,
y la brisa va a llevar
la canción triste y profunda
del mar.

Del clarín del horizonte
brota sinfonía rara,
como si la voz del monte
vibrara.

Cual si fuese lo invisible...
cual si fuese el rudo son
que diese al viento un terrible
león.

Nocturno

Quiero expresar mi angustia en versos que abolida
dirán mi juventud de rosas y de ensueños,

y la desfloración amarga de mi vida
por un vasto dolor y cuidados pequeños.

Y el viaje de un vago Oriente por entrevistos barcos,
y el grano de oraciones que floreció en blasfemia,
y los azoramientos del cisne entre los charcos,
y el falso azul nocturno de inquerida bohemia.

Lejano clavicordio que en silencio y olvido
no diste nunca al sueño la sublime sonata,
huérfano esquife, árbol insigne, oscuro nido
que suavizó la noche de dulzura de plata...

Esperanza olorosa a hierbas frescas, trino
del ruiseñor primaveral y matinal,
azucena tronchada por un fatal destino,
rebusca de la dicha, persecución del mal...

El ánfora funesta del divino veneno
que ha de hacer por la vida la tortura interior,
la conciencia espantable de nuestro humano cieno
y el horror de sentirse pasajero, el horror

de ir a tientas, en intermitentes espantos,
hacia lo inevitable, desconocido, y la
pesadilla brutal de este dormir de llantos
¡de la cual no hay más que Ella que nos despertará!

Canción de otoño en primavera

A G. Martínez Sierra.

Juventud, divino tesoro,
¡ya te vas para no volver!
Cuando quiero llorar, no lloro...
Y a veces lloro sin querer...

Plural ha sido la celeste
historia de mi corazón.

Era una dulce niña, en este
mundo de duelo y aflicción.

Miraba como el alba pura;
sonreía como una flor.
Era su cabellera oscura
hecha de noche y de dolor.

Yo era tímido como un niño.
Ella, naturalmente, fue,
para mi amor hecho de armiño,
Herodías y Salomé...

Juventud, divino tesoro,
¡ya te vas para no volver!
Cuando quiero llorar, no lloro...
Y a veces lloro sin querer...

La otra fue más sensitiva,
y más consoladora y más
halagadora y expresiva,
cual no pensé encontrar jamás.

Pues a su continua ternura
una pasión violenta unía.
En un peplo de gasa pura
una bacante se envolvía...

En sus brazos tomó mi ensueño
y lo arrulló como a un bebé...
y le mató, triste y pequeño,
falto de luz, falto de fe...

Juventud, divino tesoro,
¡te fuiste para no volver!
Cuando quiero llorar, no lloro...
Y a veces lloro sin querer...

Otra juzgó que era mi boca
el estuche de su pasión;

y que me roería, loca,
con sus dientes el corazón,

    poniendo en un amor de exceso
la mira de su voluntad,
mientras eran abrazo y beso
síntesis de la eternidad;

    y de nuestra carne ligera
imaginar siempre un Edén,
sin pensar que la Primavera
y la carne acaban también...

    Juventud, divino tesoro,
¡ya te vas para no volver!
Cuando quiero llorar, no lloro,
¡y a veces lloro sin querer!

    ¡Y las demás! En tantos climas,
en tantas tierras siempre son,
si no pretextos de mis rimas,
fantasmas de mi corazón.

    En vano busqué a la princesa
que estaba triste de esperar.
La vida es dura. Amarga y pesa.
¡Ya no hay princesa que cantar!

    Mas a pesar del tiempo terco,
mi sed de amor no tiene fin;
con el cabello gris, me acerco
a los rosales del jardín...

    Juventud, divino tesoro,
¡ya te vas para no volver!
Cuando quiero llorar, no lloro...
Y a veces lloro sin querer...

    ¡Mas es mía el Alba de oro!

El soneto de trece versos

De una juvenil inocencia
¡qué conservar sino el sutil
perfume, esencia de su Abril,
la más maravillosa esencia!

Por lamentar a mi conciencia
quedó de un sonoro marfil
un cuento que fue de las *Mil
y Una Noches* de mi existencia...

Scherezada se entredurmió...
El Visir quedó meditando...
Dinarzada el día olvidó...
Mas el pájaro azul volvió...
Pero...
        No obstante...
                        Siempre...
                                Cuando...

A Phocás el campesino

Phocás el campesino, hijo mío, que tienes,
en apenas escasos meses de vida, tantos
dolores en tus ojos que esperan tantos llantos
por el fatal pensar que revelan tus sienes...

Tarda en venir a este dolor adonde vienes,
a este mundo terrible en duelos y en espantos;
duerme bajo los Ángeles, sueña bajo los Santos,
que ya tendrás la Vida para que te envenenes...

Sueña, hijo mío, todavía, y cuando crezcas,
perdóname el fatal don de darte la vida
que yo hubiera querido de azul y rosas frescas;

pues tú eres la crisálida de mi alma entristecida,
y te he de ver en medio del triunfo que merezcas
renovando el fulgor de mi psique abolida.

[Carne, carne celeste]

¡Carne, celeste carne de la mujer! Arcilla
—dijo Hugo—, ambrosía más bien, ¡oh maravilla!,
la vida se soporta,
tan doliente y tan corta,
solamente por eso:
¡roce, mordisco o beso
en ese pan divino
para el cual nuestra sangre es nuestro vino!
En ella está la lira,
en ella está la rosa,
en ella está la ciencia armoniosa,
en ella se respira
el perfume vital de toda cosa.

Eva y Cipris concentran el misterio
del corazón del mundo.
Cuando el áureo Pegaso
en la victoria matinal se lanza
con el mágico ritmo de su paso
hacia la vida y hacia la esperanza,
si alza la crin y las narices hincha
y sobre las montañas pone el casco sonoro
y hacia la mar relincha,
y el espacio se llena
de un gran temblor de oro,
es que ha visto desnuda a Anadiomena.

Gloria, ¡oh Potente a quien las sombras temen!
¡Que las más blancas tórtolas te inmolen,
pues por ti la floresta está en el polen
y el pensamiento en el sagrado semen!

Gloria, ¡oh Sublime que eres la existencia
por quien siempre hay futuros en el útero eterno!
¡Tu boca sabe al fruto del árbol de la Ciencia
y al torcer tus cabellos apagaste el infierno!

Inútil es el grito de la legión cobarde
del interés, inútil el progreso
yankee, si te desdeña.
Si el progreso es de fuego, por ti arde.
¡Toda lucha del hombre va a tu beso,
por ti se combate o se sueña!

Pues en ti existe Primavera para el triste,
labor gozosa para el fuerte,
néctar, Ánfora, dulzura amable.
¡Porque en ti existe
el placer de vivir hasta la muerte
ante la eternidad de lo probable!...

De otoño

Yo sé que hay quienes dicen: ¿Por qué no canta ahora
con aquella locura armoniosa de antaño?
Ésos no ven la obra profunda de la hora,
la labor del minuto y el prodigio del año.

Yo, pobre árbol, produje, al amor de la brisa,
cuando empecé a crecer, un vago y dulce son.
Pasó ya el tiempo de la juvenil sonrisa:
¡dejad al huracán mover mi corazón!

Caracol

A Antonio Machado.

En la playa he encontrado un caracol de oro
macizo y recamado de las perlas más finas;

Europa le ha tocado con sus manos divinas
cuando cruzó las ondas sobre el celeste toro.

He llevado a mis labios el caracol sonoro
y he suscitado el eco de las dianas marinas,
le acerqué a mis oídos y las azules minas
me han contado en voz baja su secreto tesoro.

Así la sal me llega de los vientos amargos
que en sus hinchadas velas sintió la nave Argos
cuando amaron los astros el sueño de Jasón;

y oigo un rumor de olas y un incógnito acento
y un profundo oleaje y un misterioso viento...
(El caracol la forma tiene de un corazón).

Nocturno

A Mariano de Cavia.

Los que auscultasteis el corazón de la noche,
los que por el insomnio tenaz habéis oído
el cerrar de una puerta, el resonar de un coche
lejano, un eco vago, un ligero rüido...

En los instantes del silencio misterioso,
cuando surgen de su prisión los olvidados,
en la hora de los muertos, en la hora del reposo,
sabréis leer estos versos de amargor impregnados...

Como en un vaso vierto en ellos mis dolores
de lejanos recuerdos y desgracias funestas,
y las tristes nostalgias de mi alma, ebria de flores,
y el duelo de mi corazón, triste de fiestas.

Y el pesar de no ser lo que yo hubiera sido,
la pérdida del reino que estaba para mí,
el pensar que un instante pude no haber nacido,
¡y el sueño que es mi vida desde que yo nací!

Todo esto viene en medio del silencio profundo
en que la noche envuelve la terrena ilusión,
y siento como un eco del corazón del mundo
que penetra y conmueve mi propio corazón.

Thanatos

En medio del camino de la vida...,
dijo Dante. Su verso se convierte:
En medio del camino de la Muerte.

Y no hay que aborrecer a la ignorada
emperatriz y reina de la Nada.
Por ella nuestra tela está tejida,
y ella en la copa de los sueños vierte
un contrario nepente: ¡ella no olvida!

Letanía de nuestro señor Don Quijote

A Navarro Ledesma.

Rey de los hidalgos, señor de los tristes,
que de fuerza alientas y de ensueños vistes,
coronado de áureo yelmo de ilusión;
que nadie ha podido vencer todavía,
por la adarga al brazo, toda fantasía,
y la lanza en ristre, toda corazón.

Noble peregrino de los peregrinos,
que santificaste todos los caminos
con el paso augusto de tu heroicidad,
contra las certezas, contra las conciencias
y contra las leyes y contra las ciencias,
contra la mentira, contra la verdad...

Caballero errante de los caballeros,
varón de varones, príncipe de fieros,

par entre los pares, maestro, ¡salud!
¡Salud, porque juzgo que hoy muy poca tienes,
entre los aplausos o entre los desdenes,
y entre las coronas y los parabienes
y las tonterías de la multitud!

¡Tú, para quien pocas fueron las victorias
antiguas y para quien clásicas glorias
serían apenas de ley y razón,
soportas elogios, memorias, discursos,
resistes certámenes, tarjetas, concursos,
y, teniendo a Orfeo, tienes a orfeón!

Escucha, divino Rolando del sueño,
a un enamorado de tu Clavileño,
y cuyo Pegaso relincha hacia ti;
escucha los versos de estas letanías,
hechas con las cosas de todos los días
y con otras que en lo misterioso vi.

¡Ruega por nosotros, hambrientos de vida,
con el alma a tientas, con la fe perdida,
llenos de congojas y faltos de sol,
por advenedizas almas de manga ancha,
que ridiculizan el ser de la Mancha,
el ser generoso y el ser español!

¡Ruega por nosotros, que necesitamos
las mágicas rosas, los sublimes ramos
de laurel! *Pro nobis ora,* gran señor.
¡Tiembla la floresta del laurel del mundo,
y antes que tu hermano vago, Segismundo,
el pálido Hamlet te ofrece una flor!

Ruega generoso, piadoso, orgulloso,
ruega casto, puro, celeste, animoso;
por nos intercede, suplica por nos,
pues casi ya estamos sin savia, sin brote,

sin alma, sin vida, sin luz, sin Quijote,
sin pies y sin alas, sin Sancho y sin Dios.

De tantas tristezas, de dolores tantos,
de los superhombres de Nietzsche, de cantos
áfonos, recetas que firma un doctor,
de las epidemias, de horribles blasfemias
de las Academias,
¡líbranos, Señor!

De rudos malsines,
falsos paladines,
y espíritus finos y blancos y ruines,
del hampa que sacia
su canallocracia
con burlar la gloria, la vida, el honor,
del puñal con gracia,
¡líbranos, Señor!

Noble peregrino de los peregrinos,
que santificaste todos los caminos,
con el paso augusto de tu heroicidad,
contra las certezas, contra las conciencias
y contra las leyes y contra las ciencias,
contra la mentira, contra la verdad...

¡Ora por nosotros, señor de los tristes,
que de fuerza alientas y de ensueños vistes,
coronado de áureo yelmo de ilusión!;
¡que nadie ha podido vencer todavía,
por la adarga al brazo, toda fantasía,
y la lanza en ristre, toda corazón!

Lo fatal

A René Pérez.

Dichoso el árbol que es apenas sensitivo,
y más la piedra dura, porque ésa ya no siente,

pues no hay dolor más grande que el dolor de ser vivo,
ni mayor pesadumbre que la vida consciente.

Ser, y no saber nada, y ser sin rumbo cierto,
y el temor de haber sido y un futuro terror...
Y el espanto seguro de estar mañana muerto,
y sufrir por la vida y por la sombra y por

lo que no conocemos y apenas sospechamos,
y la carne que tienta con sus frescos racimos,
y la tumba que aguarda con sus fúnebres ramos,
¡y no saber adónde vamos,
ni de dónde venimos!...

Visión

Tras de la misteriosa selva extraña
vi que se levantaba al firmamento,
horadada y labrada, una montaña,

que tenía en la sombra su cimiento.
Y en aquella montaña estaba el nido
del trueno, del relámpago y del viento.

Y tras sus arcos negros el rugido
se oía del león, y cual oscura
catedral de algún dios desconocido,

aquella fabulosa arquitectura
formada de prodigios y visiones,
visión monumental, me dio pavura.

A sus pies habitaban los leones;
y las torres y flechas de oro fino
se juntaban con las constelaciones.

Y había un vasto domo diamantino
donde se alzaba un trono extraordinario
sobre sereno fondo azul marino.

Hierro y piedra primero, y mármol pario
luego, y arriba mágicos metales.
Una escala subía hasta el santuario,

de la divina sede. Los astrales
esplendores, las gradas repartidas
de tres en tres bañaban. Colosales

águilas con las alas extendidas
se contemplaban en el centro de una
atmósfera de luces y de vidas.

Y en una palidez de oro de luna
una paloma blanca se cernía,
alada perla en mística laguna.

La montaña labrada parecía
por un majestuoso Piraneso
babélico. En sus flancos se diría

que hubiese cincelado el bloque espeso
el rayo; y en lo alto, enorme friso
de la luz recibía un áureo beso,

beso de luz de aurora y paraíso.
Y yo grité en la sombra: —¿En qué lugares
vaga hoy el alma mía? —De improviso

surgió ante mí, ceñida de azahares
y de rosas blanquísimas, Estela,
la que suele surgir en mis cantares.

Y díjome con voz de filomela:
—No temas: es el reino de la ira
de Dante; y la paloma que revuela

en la luz es Beatrice. Aquí conspira
todo el supremo amor y alto deseo.
Aquí llega el que adora y el que admira.

—¿Y aquel trono —le dije— que allá veo?
—Ése es el trono en que su gloria asienta
ceñido el lauro el gibelino Orfeo.

Y abajo es donde duerme la tormenta.
Y el lobo y el león entre lo oscuro
enciende su pupila, cual violenta

brasa. Y el vasto y misterioso muro
es piedra y hierro; luego las arcadas
del medio son de mármol; de oro puro

la parte superior, donde en gloriosas
albas eternas se abre al infinito
la sacrosanta Rosa de las rosas.

—¡Oh bendito el Señor! —clamé—, bendito,
que permitió al arcángel de Florencia
dejar tal mundo de misterio escrito

con lengua humana y sobrehumana ciencia,
y crear este extraño imperio eterno
y su trono radiante en su eminencia,

ante el cual abismado me prosterno.
¡Y feliz quien al Cielo se levanta
por las gradas de hierro de su Infierno!

Y ella: —Que este prodigio diga y cante
tu voz. Y yo: —Por el amor humano
he llegado al divino. ¡Gloria al Dante!

Ella, en acto de gracia, con la mano
me mostró de las águilas los vuelos,
y ascendió como un lirio soberano

hacia la Beatriz, paloma de los cielos.
Y en el azul dejaba blancas huellas
que eran a mí delicias y consuelos.

¡Y vi que me miraban las estrellas!

«Dream»

Se desgrana un cristal fino
sobre el sueño de una flor;
trina el poeta divino...
¡Bien trinado, Ruiseñor!

Bottom oye ese cristal
caer, y, bajo la brisa,
se siente sentimental.
Titania toda es sonrisa.

Shakespeare va por la floresta,
Heine hace un *lied* de la tarde...
Hugo acompasa la Fiesta
Chez Thérèse. Verlaine arde

en las llamas de las rosas
alocado y sensitivo,
y dice a las ninfas cosas
entre un querubín y un chivo.

Aubrey Beardsley se desliza
como un silfo zahareño:
Con carbón, nieve y ceniza
da carne y alma al ensueño.

Nerval suspira a la Luna.
Laforgue suspira de
males de genio y fortuna.
Va en silencio Mallarmé.

La canción de los pinos

¡Oh pinos, oh hermanos en tierra y ambiente,
yo os amo! Sois dulces, sois buenos, sois graves.
Diríase un árbol que piensa y que siente
mimado de auroras, poetas y aves.

Tocó vuestra frente la alada sandalia;
habéis sido mástil, proscenio, curul,
¡oh pinos solares, oh pinos de Italia,
bañados de gracia, de gloria, de azul!

Sombríos, sin oro del sol, taciturnos,
en medio de brumas glaciales y en
montañas de ensueños, ¡oh pinos nocturnos,
oh pinos del Norte, sois bellos también!

Con gestos de estatuas, de mimos, de actores,
tendiendo a la dulce caricia del mar,
¡oh pinos de Nápoles, rodeados de flores,
oh pinos divinos, no os puedo olvidar!

Cuando en mis errantes pasos peregrinos
la Isla Dorada me ha dado un rincón
do soñar mis sueños, encontré los pinos,
los pinos amados de mi corazón.

Amados por tristes, por blandos, por bellos.
Por su aroma, aroma de una inmensa flor,
por su aire de monjes, sus largos cabellos,
sus savias, ruïdos y nidos de amor.

¡Oh pinos antiguos que agitara el viento
de las epopeyas, amados del sol!
¡Oh líricos pinos del Renacimiento,
y de los jardines del suelo español!

Los brazos eolios se mueven al paso
del aire violento que forma al pasar

ruïdos de pluma, ruïdos de raso,
ruïdos de agua y espumas de mar.

¡Oh noche en que trajo tu mano, Destino,
aquella amargura que aún hoy es dolor!
La Luna argentaba lo negro de un pino,
y fui consolado por un ruiseñor.

Románticos somos… ¿Quién que Es, no es romántico?
Aquel que no sienta ni amor ni dolor,
aquel que no sepa de beso y de cántica,
que se ahorque de un pino: será lo mejor…

Yo no. Yo persisto. Pretéritas normas
confirman mi anhelo, mi ser, mi existir.
¡Yo soy el amante de ensueños y formas
que viene de lejos y va al porvenir!

«¡Eheu!»

Aquí, junto al mar latino,
digo la verdad:
Siento en roca, aceite y vino
yo mi antigüedad.

¡Oh, qué anciano soy, Dios santo,
oh, qué anciano soy!…
¿De dónde viene mi canto?
Y yo, ¿adónde voy?

El conocerme a mí mismo
ya me va costando
muchos momentos de abismo
y el cómo y el cuándo…

Y esta claridad latina,
¿de qué me sirvió

a la entrada de la mina
del yo y el no yo...?

Nefelibata contento,
creo interpretar
las confidencias del viento,
la tierra y el mar...

Unas vagas confidencias
del ser y el no ser,
y fragmentos de conciencias
de ahora y ayer.

Como en medio de un desierto
me puse a clamar;
y miré al sol como muerto
y me eché a llorar.

Antonio Machado

Misterioso y silencioso
iba una y otra vez.
Su mirada era tan profunda
que apenas se podía ver.

Cuando hablaba tenía un dejo
de timidez y de altivez.
Y la luz de sus pensamientos
casi siempre se veía arder.

Era luminoso y profundo
como hombre de buena fe.
Fuera pastor de mil leones
y de corderos a la vez.
Conduciría tempestades
o traería un panal de miel.

Las maravillas de la vida
y del amor y del placer,

cantaba en versos profundos
cuyo secreto era de él.

Montado en un raro Pegaso,
un día al imposible fue.
Ruego por Antonio a mis dioses;
ellos le salven siempre. Amén.

Nocturno

Silencio de la noche, doloroso silencio
nocturno... ¿Por qué el alma tiembla de tal manera?
Oigo el zumbido de mi sangre,
dentro de mi cráneo pasa una suave tormenta.
¡Insomnio! No poder dormir, y, sin embargo,
soñar. Ser la auto-pieza
de disección espiritual, ¡el auto-Hamlet!
Diluir mi tristeza
en un vino de noche
en el maravilloso cristal de las tinieblas...
Y me digo: ¿a qué hora vendrá el alba?
Se ha cerrado una puerta...
Ha pasado un transeúnte...
Ha dado el reloj tres horas... ¡Si será Ella!...

Balada en honor de las musas de carne y hueso

A G. Martínez Sierra.

Nada mejor para cantar la vida,
y aun para dar sonrisas a la muerte,
que la áurea copa en donde Venus vierte
la esencia azul de su viña encendida.
Por respirar los perfumes de Armida
y por sorber el vino de su beso,
vino de ardor, de beso, de embeleso,

fuérase al cielo en la bestia de Orlando,
¡Voz de oro y miel para decir cantando:
la mejor musa es la de carne y hueso!

Cabellos largos en la buhardilla,
noches de insomnio al blancor del invierno,
pan de dolor con la sal de lo eterno
y ojos de ardor en que Juvencia brilla;
el tiempo en vano mueve su cuchilla,
el hilo de oro permanece ileso;
visión de gloria para el libro impreso
que en sueños va como una mariposa
y una esperanza en la boca de rosa:
¡La mejor musa es la de carne y hueso!

Regio automóvil, regia cetrería,
borla y muceta, heráldica fortuna,
nada son como a luz de la Luna
una mujer hecha una melodía.
Barca de amar busca la fantasía,
no el *yacht* de Alfonso o la barca de Creso.
Da al cuerpo llama y fortifica el seso
ese archivado y vital paraíso;
pasad de largo, Abelardo y Narciso:
¡La mejor musa es la de carne y hueso!

Clío está en esa frente hecha de Aurora,
Euterpe canta en esta lengua fina,
Talía ríe en la boca divina,
Melpómene es ese gesto que implora;
en estos pies Terpsícore se adora,
cuello inclinado es de Erato embeleso,
Polymnia intenta a Caliope proceso
por esos ojos en que Amor se quema.
Urania rige todo ese sistema:
¡La mejor musa es la de carne y hueso!

No protestéis con celo protestante,
contra el panal de rosas y claveles

en que Tiziano moja sus pinceles
y gusta el cielo de Beatrice el Dante.
Por eso existe el verso de diamante,
por eso el iris tiéndese y por eso
humano genio es celeste progreso.
Líricos cantan y meditan sabios
por esos pechos y por esos labios:
¡La mejor musa es la de carne y hueso!

ENVÍO

Gregorio: nada al cantor determina
como el gentil estímulo del beso.
Gloria al sabor de la boca divina.
¡La mejor musa es la de carne y hueso!

Agencia...

¿Qué hay de nuevo?... Tiembla la Tierra.
En La Haya incuba la guerra.
Los reyes han terror profundo.
Huele a podrido en todo el mundo.
No hay aromas en Galaad.
Desembarcó el marqués de Sade
procedente de Seboim.
Cambia de curso el *gulf-stream*.
París se flagela a placer.
Un cometa va a aparecer.
Se cumplen ya las profecías
del viejo monje Malaquías.
En la iglesia el diablo se esconde.
Ha parido una monja... (¿En dónde?...)
Barcelona ya no está *bona*
sino cuando la bomba *sona*...
China se corta la coleta.
Henry de Rothschild es poeta.
Madrid abomina la capa.

Ya no tiene eunucos el Papa.
Se organizará por un *bill*
la prostitución infantil.
La fe blanca se desvirtúa
y todo negro *continúa*.
En alguna parte está listo
el palacio del Anticristo.
Se cambian comunicaciones
entre lesbianas y gitones.
Se anuncia que viene el Judío
errante... ¿Hay algo más, Dios mío?...

A Mariano Miguel del Val.

Poema del otoño

Tú que estás la barba en la mano
meditabundo,
¿has dejado pasar, hermano,
la flor del mundo?

Te lamentas de los ayeres
con quejas vanas:
¡aún hay promesas de placeres
en las mañanas!

Aún puedes casar la olorosa
rosa y el lis,
y hay mirtos para tu orgullosa
cabeza gris.

El alma ahita cruel inmola
lo que la alegra,
como Zingua, reina de Angola,
lúbrica negra.

Tú has gozado de la hora amable,
y oyes después
la impresión del formidable
Eclesiastés.

El domingo de amor te hechiza;
mas mira cómo
llega el miércoles de ceniza;
Memento, homo...

Por eso hacia el florido monte
las almas van,
y se explican Anacreonte
y Omar Kayam.

Huyendo del mal, de improviso
se entra en el mal,
por la puerta del paraíso
artificial.

Y, no obstante, la vida es bella,
por poseer
la perla, la rosa, la estrella
y la mujer.

Lucifer brilla. Canta el ronco
mar. Y se pierde
Silvano oculto tras el tronco
del haya verde.

Y sentimos la vida pura,
clara, real,
cuando la envuelve la dulzura
primaveral.

¿Para qué las envidias viles
y las injurias,
cuando retuercen sus reptiles
pálidas furias?

¿Para qué los odios funestos
de los ingratos?
¿Para qué los lívidos gestos
de los Pilatos?

¡Si lo terreno acaba, en suma,
cielo e infierno,
y nuestras vidas son la espuma
de un mar eterno!

Lavemos bien de nuestra veste
la amarga prosa;
soñemos en una celeste,
mística rosa.

Cojamos la flor del instante;
¡la melodía
de la mágica alondra cante
la miel del día!

Amor a su fiesta convida
y nos corona.
Todos tenemos en la vida
nuestra Verona.

Aun en la hora crepuscular
canta una voz:
«¡Ruth, risueña, viene a espigar
para Booz!»

Mas coged la flor del instante,
cuando en Oriente
nace el alba para el fragante
adolescente.

¡Oh Niña que con Eros juegas,
niños lozanos,
danzad como las ninfas griegas
y los silvanos!

El viejo tiempo todo roe
y va de prisa;
sabed vencerle, Cintia, Cloe
y Cidalisa.

Trocad por rosas, azahares,
que suenan el son
de aquel *Cantar de los Cantares*
de Salomón.

Príapo vela en los jardines
que Cipris huella;
Hécate hace aullar los mastines;
mas Diana es bella,

y apenas envuelta en los velos
de la ilusión,
baja a los bosques de los cielos
por Endimión.

¡Adolescencia! Amor te dora
con su virtud;
goza del beso de la aurora,
¡oh juventud!

¡Desventurado el que ha cogido
tarde la flor!
Y ¡ay de aquel que nunca ha sabido
lo que es amor!

Yo he visto en tierra tropical
la sangre arder,
como en un cáliz de cristal,
en la mujer,

y en todas partes la que ama
y se consume,
como una flor hecha de llama
y de perfume.

Abrasaos en esa llama
y respirad
ese perfume que embalsama
la Humanidad.

Gozad de la carne, ese bien
que hoy nos hechiza,
y después se tornará en
polvo y ceniza.

Gozad del sol, de la pagana
luz de sus fuegos;
gozad del sol, porque mañana
estaréis ciegos.

Gozad de la dulce armonía
que a Apolo invoca;
gozad del canto, porque un día
no tendréis boca.

Gozad de la tierra, que un
bien cierto encierra;
gozad, porque no estáis aún
bajo la tierra.

Apartad el temor que os hiela
y que os restringe;
la paloma de Venus vuela
sobre la Esfinge.

Aún vencen muerte, tiempo y hado
las amorosas;
en las tumbas se han econtrado
mirtos y rosas.

Aún Anadiomena en sus lidias
nos da su ayuda;
aún resurge en la obra de Fidias
Friné desnuda.

Vive el bíblico Adán robusto,
de sangre humana,
y aún siente nuestra lengua el gusto
de la manzana.

Y hace de este globo viviente
fuerza y acción,
la universal y omnipotente
fecundación.

El corazón del cielo late
por la victoria
de este vivir, que es un combate
y es una gloria.

Pues aunque hay pena y nos agravia
el sino adverso,
en nosotros corre la savia
del universo.

Nuestro cráneo guarda el vibrar
de tierra y sol,
como el rüido de la mar
el caracol.

La sal del mar en nuestras venas
va a borbotones;
tenemos sangre de sirenas
y de tritones.

A nosotros encinas, lauros,
frondas espesas;
tenemos carne de centauros
y satiresas.

En nosotros la Vida vierte
fuerza y calor.
¡Vamos al reino de la Muerte
por el camino del Amor!

Vesperal

   Ha pasado la siesta
y la hora del Poniente se avecina,
y hay ya frescor en esta
costa, que el sol del Trópico calcina.
Hay un suave alentar de aura marina,
y el Occidente finge una floresta
que una llama de púrpura ilumina.
Sobre la arena dejan los cangrejos
la ilegible escritura de sus huellas.
Conchas de color de rosa y de reflejos
áureos, caracolillos y fragmentos de estrellas
de mar, forman alfombra
sonante al paso en la armoniosa orilla.
Y cuando Venus brilla,
dulce, imperial amor de la divina tarde,
creo que en la onda suena,
o son de lira, o canto de sirena.
Y en mi alma otro lucero como el de Venus arde.

Gaita galaica

   Gaita galaica, sabes cantar
lo que profundo y dulce nos es.
Dices de amor, y dices después
de un amargor como el de la mar.

   Canta. Es el tiempo. Haremos danzar
al fino verso de rítmicos pies.
Ya nos lo dijo el Eclesiastés:
tiempo hay de todo: hay tiempo de amar,

   tiempo de ganar, tiempo de perder,
tiempo de plantar, tiempo de coger,
tiempo de llorar, tiempo de reír,

   tiempo de rasgar, tiempo de coser,
tiempo de esparcir y de recoger,
tiempo de nacer, tiempo de morir.

La Cartuja

Este vetusto monasterio ha visto,
secos de orar y pálidos de ayuno,
con el breviario y con el Santo Cristo,
a los callados hijos de San Bruno.

A los que en su existencia solitaria,
con la locura de la cruz y al vuelo
místicamente azul de la plegaria,
fueron a Dios en busca de consuelo.

Mortificaron con las disciplinas
y los cilicios la carne mortal
y opusieron, orando, las divinas
ansias celestes al furor sexual.

La soledad que amaba Jeremías,
el misterioso profesor de llanto,
y el silencio, en que encuentran armonías
el soñador, el místico y el santo,

fueron para ellos minas de diamantes
que cavan los mineros serafines
a la luz de los cirios parpadeantes
y al son de las campanas de maitines.

Gustaron las harinas celestiales
en el maravilloso simulacro,
herido el cuerpo bajo los sayales,
el espíritu ardiente en amor sacro.

Vieron la nada amarga de este mundo,
pozos de horror y dolores extremos,
y hallaron el concepto más profundo
en el profundo «De morir tenemos».

Y como a Pablo e Hilarión y Antonio,
a pesar de cilicios y oraciones,
les presentó, con su hechizo, el demonio
sus mil visiones de fornicaciones.

Y fueron castos por dolor y fe,
y fueron pobres por la santidad,
y fueron obedientes porque fue
su reina de pies blancos la humildad.

Vieron los belcebúes y satanes
que esas almas humildes y apostólicas
triunfaban de maléficos afanes
y de tantas acedias melancólicas.

Que el *Mortui estis* del candente Pablo
les forjaba corazas arcangélicas
y que nada podría hacer el diablo
de halagos finos o añagazas bélicas.

¡Ah!, fuera yo de esos que Dios quería,
y que Dios quiere cuando así le place,
dichosos ante el temeroso día
de losa fría y *Resquiescat in pace!*

Poder matar el orgullo perverso
y el palpitar de la carne maligna,
todo por Dios, delante el Universo,
con corazón que sufre y se resigna.

Sentir la unción de la divina mano,
ver florecer de eterna luz mi anhelo,
y oír como un Pitágoras cristiano
la música teológica del cielo.

Y al fauno que hay en mí, darle la ciencia,
que al Ángel hace estremecer las alas.
Por la oración y por la penitencia
poner en fuga a las diablesas malas.

Darme otros ojos, no estos ojos vivos
que gozan en mirar, como los ojos
de los sátiros locos medio-chivos,
redondeces de nieve y labios rojos.

Darme otra boca en que queden impresos
los ardientes carbones del asceta;
y no esta boca en que vinos y besos
aumentan gulas de hombre y de poeta.

Darme otras manos de disciplinante
que me dejen el lomo ensangrentado,
y no estas manos lúbricas de amante
que acarician las pomas del pecado.

Darme otra sangre que me deje llenas
las venas de quietud y en paz los sesos,
y no esta sangre que hace arder las venas,
vibrar los nervios y crujir los huesos.

¡Y quedar libre de maldad y engaño
y sentir una mano que me empuja
a la cueva que acoge al ermitaño,
o al silencio y la paz de la Cartuja!

Pequeño poema de Carnaval

A Madame Leopoldo Lugones.

Ha mucho que Leopoldo
me juzga bajo un toldo
de penas, al rescoldo
de una última ilusión.
O bien cual hombre adusto
que, agriado de disgusto,
no hincha el cuello robusto
lanzando una canción.

Juzga este ser titánico
con buen humor tiránico
que estoy lleno de pánico,
desengaño o esplín,
porque ha tiempo no mana
ni una rima galana
ni una prosa profana
de mi viejo violín.

Y por tales cuidados
me vino con recados,
lindamente acordados,
que dice que le dio
Primavera, la niña
de florida basquiña
a quien por la campiña
harto perseguí yo.

No hay tal, señora mía.
Y aquí vengo este día,
lleno de poesía,
pues llega el Carnaval,
a hacer sonar, en grata
hora, lira de plata,
flauta que olvidos mata,
y sistro de cristal.

Pues en París estamos,
parisienses hagamos
los más soberbios ramos
de flores de París,
y llenen esta estancia
de gloria y de fragancia
bellas rosas de Francia
y la hortensia y la lis.

¡Viva la ciudad santa
—de diabla que es— que encanta
con tanta gracia y tanta
furia de porvenir;
que es la única en el mundo
donde en sueños me hundo
con lo dulce y profundo
del gozo del vivir!

¡Viva, con sus coronas
de laurel, sus sorbonas,
y sus lindas personas
pérfidas como el mar;
viva, con *gamin listo*
estudiante y aristo,
y el gallo nunca visto
y el gorrión familiar!

Yo he visto a Venus bella,
en el pecho una estrella,
y a Mammón ir tras ella
que con ligero pie
proseguía adelante,
parándose delante
del fuego del diamante
de la rue de la Paix.

Creí, tras los macizos
de un jardín, los carrizos
oír, llenos de hechizos,
de la flauta de Pan.

Reía Primavera
de la canción ligera;
el griego dios no era;
era el pobre Lelián.

Y ahora, cuando empache
la fiesta, y el apache
su mensaje despache
a la Alegría vil,
dará púrpura a Momo
en un divino asomo
escapada de un tomo
la sombra de Banville.

Las musas y las gracias
vuelven de las acacias
con sus aristocracias
doradas por el luis;
y el avaro de Plauto
o Molière, irá incauto
tras las huellas del auto
al café de París.

Pero todo, señora,
lo consagra y decora,
lo suaviza y lo dora
la mágica ciudad
hecha de amor, de historia,
de placer y de gloria,
de hechizo y de victoria,
de triunfo y claridad.

¡Vivan los Carnavales
parisienses! Los males
huyen a los cristales
de la viuda Clicquot.
Y pues que Primavera
quería un canto, ¡fuera
la armoniosa quimera
que llevo dentro yo!

Y de nuevo las rosas
y las profanas prosas
vayan a las hermosas,
al aire, al cielo, al sol:
vaya el verso con alas
y la estrofa con galas
y suenen cosas galas
con el modo español.

Así verá Lugones
cómo las ilusiones
reviven a los sones
del canto fraternal,
y brota el tallo tierno
en otoño o invierno.
¡Pues Apolo es eterno
y el arte es inmortal!

Que mire nuestro Orfeo
cumplido su deseo
y que no encuentre un reo
de silencios en mí,
y para mi acomodo
no emplee agudo modo,
pues, a «pesar de todo»,
nuestro Hugo no era así.

Vivat Gallia Regina!
Aquí nos ilumina
un sol que no declina;
Eros brinda su flor,
Palas nos da la mano
mientras va soberano
rigiendo su aeroplano
Ícaro vencedor.

¡Ah, señora!, yo expreso
mi gratitud, y beso
tanto ilustre laurel.

Celebro aulas sagradas,
artes, modas lanzadas,
y las damas pintadas
y los *maîtres d'hôtel*.

Y puesta la careta
ha cantado el poeta
con cierta voz discreta
que propia suya es;
y reencontró su aurora,
sin viña protectora
o caricia traidora
del brebaje escocés.

Sepa la Primavera
que mi alma es compañera
del sol que ella venera
y del supremo Pan.
Y que si Apolo ardiente
la llama, de repente,
contestará: ¡Presente,
mi capitán!

Los motivos del lobo

El varón que tiene corazón de lis,
alma de querube, lengua celestial,
el mínimo y dulce Francisco de Asís,
está con un rudo y torvo animal,
bestia temerosa, de sangre y de robo,
las fauces de furia, los ojos de mal;
el lobo de Gubbia, el terrible lobo,
rabioso ha asolado los alrededores,
cruel ha deshecho todos los rebaños;
devoró corderos, devoró pastores,
y son incontables sus muertes y daños.

Fuertes cazadores armados de hierros
fueron destrozados. Los duros colmillos

dieron cuenta de los más bravos perros,
como de cabritos y de corderillos.

    Francisco salió:
al lobo buscó
en su madriguera.
Cerca de la cueva encontró a la fiera
enorme, que al verle se lanzó feroz
contra él. Francisco, con su dulce voz,
alzando la mano,
al lobo furioso dijo: —¡*Paz hermano
lobo!* El animal
contempló al varón de tosco sayal;
dejó su aire arisco,
cerró las abiertas fauces agresivas,
y dijo: —¡*Está bien, hermano Francisco!*
¡*Cómo!* —exclamó el santo—. ¿*Es ley que tú vivas
de horror y de muerte?*
¿*La sangre que vierte
tu hocico diabólico, el duelo y espanto
que esparces, el llanto
de los campesinos, el grito, el dolor
de tanta criatura de Nuestro Señor,
no han de contener tu encono infernal?
¿Vienes del infierno?
¿Te ha infundido acaso su rencor eterno
Luzbel o Belial?*
Y el gran lobo, humilde: —¡*Es duro el invierno,
y es horrible el hambre! En el bosque helado
no hallé qué comer; y busqué el ganado,
y a veces comí ganado y pastor.
¿La sangre? Yo vi más de un cazador
sobre su caballo, llevando el azor
al puño; o correr tras el jabalí,
el oso o el ciervo; y a más de uno vi
mancharse de sangre, herir, torturar,
de las roncas trompas al sordo clamor,
a los animales de Nuestro Señor.
Y no era por hambre, que iban a cazar.*

Francisco responde: —*En el hombre existe*
mala levadura.
Cuando nace viene con pecado. Es triste.
Mas el alma simple de la bestia es pura.
Tú vas a tener
desde hoy qué comer.
Dejarás en paz
rebaños y gentes en este país.
¡Qué Dios melifique tu ser montaraz!
—*Esta bien, hermano Francisco de Asís.*
—*Ante el Señor, que todo ata y desata,*
en fe de promesa tiéndeme la pata.
El lobo tendió la pata al hermano
de Asís, que a su vez le alargó la mano.
Fueron a la aldea. La gente veía
y lo que miraba casi no creía.
Tras el religioso iba el lobo fiero,
y, baja la testa, quieto le seguía
como un can de casa, o como un cordero.

Francisco llamó la gente a la plaza
y allí predicó.
Y dijo: —*He aquí una amable caza.*
El hermano lobo se viene conmigo;
me juró no ser ya vuestro enemigo,
y no repetir su ataque sangriento.
Vosotros, en cambio, daréis su alimento
a la pobre bestia de Dios. —¡*Así sea!*,
contestó la gente toda de la aldea.
Y luego, en señal
de contentamiento,
movió testa y cola el buen animal,
y entró con Francisco de Asís al convento.

*

Algún tiempo estuvo el lobo tranquilo
en el santo asilo.
Sus vastas orejas los salmos oían

y los claros ojos se le humedecían.
Aprendió mil gracias y hacía mil juegos
cuando a la cocina iba con los legos.
Y cuando Francisco su oración hacía,
el lobo las pobres sandalias lamía.
Salía a la calle,
iba por el monte, descendía al valle,
entraba en las casas y le daban algo
de comer. Mirábanle como a un manso galgo.
Un día, Francisco se ausentó. Y el lobo
dulce, el lobo manso y bueno, el lobo probo,
desapareció, tornó a la montaña,
y recomenzaron su aullido y su saña.
Otra vez sintióse el temor, la alarma,
entre los vecinos y entre los pastores;
colmaba el espanto los alrededores,
de nada servían el valor y el arma,
pues la bestia fiera
no dio tregua a su furor jamás,
como si tuviera
fuegos de Moloch y de Satanás.

Cuando volvió al pueblo el divino santo,
todos lo buscaron con quejas y llanto,
y con mil querellas dieron testimonio
de lo que sufrían y perdían tanto
por aquel infame lobo del demonio.

Francisco de Asís se puso severo.
Se fue a la montaña
a buscar al falso lobo carnicero.
Y junto a su cueva halló a la alimaña.
—*En nombre del Padre del sacro universo,*
conjúrote, dijo, *¡oh lobo perverso!,*
a que me respondas: ¿Por qué has vuelto al mal?
Contesta. Te escucho.
Como en sorda lucha, habló el animal,
la boca espumosa y el ojo fatal:

—*Hermano Francisco, no te acerques mucho...*
Yo estaba tranquilo allá en el convento,
al pueblo salía,
y si algo me daban estaba contento
y manso comía.
Mas empecé a ver que en todas las casas
estaban la Envidia, la Saña, la Ira,
y en todos los rostros ardían las brasas
de odio, de lujuria, de infamia y mentira.
Hermanos a hermanos hacían la guerra,
perdían los débiles, ganaban los malos,
hembra y macho eran como perro y perra,
y un buen día todos me dieron de palos.
Me vieron humilde, lamía las manos
y los pies. Seguía tus sagradas leyes,
todas las criaturas eran mis hermanos:
los hermanos hombres, los hermanos bueyes,
hermanas estrellas y hermanos gusanos.
Y así, me apalearon y me echaron fuera.
Y su risa fue como un agua hirviente,
y entre mis entrañas revivió la fiera,
y me sentí lobo malo de repente;
mas siempre mejor que esa mala gente.
Y recomencé a luchar aquí,
a me defender y a me alimentar.
Como el oso hace, como el jabalí,
que para vivir tienen que matar.
Déjame en el monte, déjame en el risco,
déjame existir en mi libertad;
vete a tu convento, hermano Francisco,
sigue tu camino y tu santidad.

El santo de Asís no le dijo nada.
Le miró con una profunda mirada,
y partió con lágrimas y con desconsuelos,
y habló al Dios eterno con su corazón.
El viento del bosque llevó su oración,
que era: *Padre nuestro, que estás en los cielos...*

La canción de los osos

> *Osos,*
> *osos misteriosos,*
> *yo os diré la canción*
> *de vuestra misteriosa evocación.*

Osos negros y velludos del riñón de las montañas,
silenciosos viejos monjes de una iglesia inmemorial,
vuestros ritos solitarios, vuestras prácticas extrañas,
las humanas alimañas
neronizan y ensangrientan la selvosa catedral.

Osos tristes y danzantes que los zíngaros de cobre
martirizan; oso esclavo, oso fúnebre, oso pobre,
arrancado a las entrañas de los montes del Tirol:
sé leer en vuestros ojos y podemos hablar sobre
Atta Troll...

Osos blancos de los polos, bellos osos diamantinos,
nadie sabe que venís,
sobre el hielo, de un imperio de hombres blancos y di-
que coronan con castillos argentinos   [vinos
su país.

> *Osos,*
> *osos misteriosos,*
> *yo os diré la canción*
> *de vuestra misteriosa evocación.*

¡Arcas! ¡Víctima sangrienta! Plantas, flores, ecos, liras.
—Malhadado y cruento crimen del infausto Lycaón;
en Arcadia los amores y los cánticos que inspiras,
y en el cielo, con Calixto, la inmortal constelación—.
Los dos osos con asombro para el Toro y el León.

¡Va Criniso! Muchas ansias lleva el mozo y vida mu-
si cual toro lucha fiero, como oso mejor lucha   [cha;
quien de Egesta será esposo;

cruje el monstruo entre sus brazos en la lucha que se es-
[cucha.
¡Lucha, oso; ¡Lucha, oso! ¡Lucha, oso! ¡Lucha, oso!

Bellos osos de oro rojo que ya estáis en el regazo
del azul donde el zodiaco sublimiza su visión:
de la lira hacedme oír el son;
dad saludos a la Virgen en mi nombre, y un zarpazo,
si podéis, al Escorpión.

Osos,
osos misteriosos,
yo os diré la canción
de vuestra misteriosa evocación.

Danzad suave y cuerdamente,
que la peluda alpargata
cubra la prudente pata
cuyo paso no se siente.
Y bajo la huyente frente
mirad con ojo mañero
al gitano,
que canta con voz de Oriente
un raro canto lejano,
y hace sonar el pandero
con la mano
con que remienda el caldero.
A los sueldos de los pobres
encomienda alrededor vuestra persona,
y en el parche del pandero caen los cobres
por los osos, por el perro y por la mona.

Osos,
osos misteriosos,
yo os diré la canción
de vuestra misteriosa evocación.

A vuestro lado va la gitanilla.
Brilla

su mirada de negros diamantes,
y su boca roja es fresca;
gitanilla pintoresca,
Gitanilla de Cervantes,
o Esmeralda huguesca.
Ya vosotros bien sabéis de quién os hablo,
pues cien veces junto a ella contemplasteis cola y cuernos
del señor don Diablo,
protector de las lujurias en la tierra y los infiernos.

> *Osos,*
> *osos misteriosos,*
> *yo os diré la canción*
> *de vuestra misteriosa evocación.*

   Danzad, osos, ¡oh cofrades, oh poetas!;
id, chafad en las campiñas los tomillos y violetas,
y tornad entre las flores del sendero,
y danzad en el suburbio para el niño y el obrero,
para el hosco vagabundo de las escabrosas rutas,
para el pálido bandido que regó sangre y espanto,
y para las prostitutas
que mastican pan de crimen y de llanto.
Pues vuestra filosofía
no señala diferencia ni da halago ni reproche
a la mística azucena que adornó el pecho del día,
o a la lúgubre mandrágora de la entraña de la noche.

> *Osos,*
> *osos misteriosos,*
> *yo os diré la canción*
> *de vuestra misteriosa evocación.*

   Osos ermitaños
que ponéis pavores
en pastores
y rebaños;
el agudo cazador advierte
que os ponéis en cruz ante la muerte,

o para dar el formidable abrazo
que ha de exprimir la vida
contra vuestro regazo;
vais en dos patas como el adanida:
es así que he admirado
vuestro andar de canónigo, o bien de magistrado.
Con la argolla al hocico sacudís vuestra panza.
¡Osos sabios, osos fuertes y cautivos, a la danza!

> *Osos,*
> *osos misteriosos,*
> *yo os diré la canción*
> *de vuestra misteriosa evocación.*

Y al pasar un entierro
os he visto en la senda con la mona y con el perro,
entre el círculo formado por hombres zarrapastrosos.
Grotescos enterradores
iban conduciendo el carro de podredumbre y de flores;
como signo de respeto
descubríanse un mendigo y un soldado.
El gitano se acordó de su amuleto.
Y tú, oso danzarín domesticado,
se diría que reías como estando en el secreto
del finado,
de la losa, de la cruz y el esqueleto.

> *Osos,*
> *osos misteriosos,*
> *yo os diré la canción*
> *de vuestra misteriosa evocación.*

Mas no el *réquiem,* ni el *oremus,* ni el responso del
chantre llegue a vuestro oído,   [gangoso
sabio y suave oso;
mas el canto de las zíngaras, o la música del nido,
o la estrofa del poeta,
o el rüido de los besos, o el rüido
del amor errante ardiente en la carreta.

Bien sabéis: la vida es corta,
y teniendo en vuestras fauces una torta,
o un panal,
profesáis vuestros principios más allá del Bien y el Mal.

Osos,
osos misteriosos,
yo os diré la canción
de vuestra misteriosa evocación.

Balada sobre la sencillez de las rosas perfectas

A la señorita Carmen de S. Concha.

Esta visión de sonrosado encanto,
floral ternura de mil gracias llena,
¿la he visto yo cubierta con el manto
que Dios conoce, en la mujer chilena?
¿En miniatura de historia agarena?
¿En medieval poema iluminado?
¿Bajo el azul, en una flor del prado,
o en una infanta de cortes fastuosas?
Yo no lo sé; pero en ella he encontrado
la sencillez de las perfectas rosas.

Celebrad prestigiosas Scherezadas,
llenas de hechizos miliunanochescos;
dad vuestros versos a huríes y hadas
o a reinas de otros reinos pintorescos.
Noble visión hay en templos y frescos

131

para loor de mil divinas cosas
que se han vivido o se han imaginado;
mas nada que a esto sea comparado:
la sencillez de las perfectas rosas.

Puede la orquídea, hecha sueño o delirio,
ser flor fatal que casi piensa y anda;
puede encantar con su blancor el lirio
y con su broche el tulipán de Holanda.
Ritmo latino, flor de Italia escanda;
copla española, el clavel encarnado;
y que en David la amada y el amado
sean un sueño a vírgenes y esposas:
todo ello encierra haber aquí cantado
la sencillez de las perfectas rosas.

ENVÍO

Carmen: el tiempo vuela apresurado;
mas se oiría algún pájaro encantado,
como en hagiografías deleitosas
donde hay un monje lírico extasiado,
cuando en tu rostro se haya contemplado
la sencillez de las perfectas rosas.

(¿1912?)

A *un poeta*

Te recomiendo a ti, mi poeta amigo,
que comprendas mañana mi profundo cariño,
y que escuches mi voz en la voz de mi niño,
y que aceptes la hostia en la virtud del trigo.

Sabe que, cuando muera, yo te escucho y te sigo;
que si haces bien, te aplaudo; que si haces mal, te riño;
si soy lira, te canto; si cíngulo, te ciño;
si en tu cerebro, seso, y si en tu vientre, ombligo.

Y comprende que en el don de la pura vida,
que no se puede dar manca ni dividida
para los que creemos que hay algo supremo,

    yo me pongo a esperar a la esperanza ida,
y conduzco entre tanto la barca de mi vida;
Caronte es el piloto, mas yo dirijo el remo.

«Babyhood»

A Julia Beatriz Berisso.

Concreción de un jardín de amores,
con tu faz de querubín serio,
cual si supieras el misterio
de la humana flor de las flores;

    pronto estarás en la estación
en que tu intuición adivine
a Dios, cuando el pájaro trine
o palpite tu corazón,

    adivinando a Dios, o al dios
que en tu mente y en tus sentidos,
por el dulce enigma de dos,
te dé el secreto de los nidos.

    Seas emperatriz futura
y un corazón sea tu imperio,
por la beldad de tu ternura
y el cetro de tu cautiverio.

    Y versos dulces sean dichos,
en donde trisquen halagüeños
los cervatillos de tus sueños
con las corazas de tus caprichos.

Y huelle tu talón de rosa
la arena de oro perfumado
por los ungüentos de la Esposa
en los jardines del Amado.

                                                        (1913.)

Los olivos

                                                A Juan Sureda.

I

Los olivos que tu Pilar pintó, son ciertos.
Son paganos, cristianos y modernos olivos,
que guardan los secretos deseos de los muertos
con gestos, voluntades y ademanes de vivos.

    Se han juntado a la tierra, porque es carne de tierra
su carne; y tienen brazos y tienen vientre y boca
que lucha por decir el enigma que encierra
su ademán vegetal o su querer de roca.

    En los Getsemaníes que en la Isla de Oro
fingen, en torturada pasividad eterna,
se ve una muchedumbre que haya escuchado un coro
o que acaba de hallar l'agua de una cisterna.

    Ni Gustavo Doré miró estas maravillas;
ni se puede pintar como Aurora Dupin
con incomodidad, con prosa y con rencillas,
lo que bien comprendía el divino Chopin...

    Los olivos que están aquí, son los olivos
que desde las pristinas estaciones están
y que vieron danzar los Faunos y los chivos
que seguían el movimiento que dio Pan.

Los olivos que están aquí, los ejercicios
vieron de los que daban la muerte con las piedras,
y miraron pasar los cortejos fenicios
como nupcias romanas coronadas de hiedras.

Mas sobre toda aquesa usual arqueología,
vosotros, cuyo tronco y cuyas ramas son
hechos de la sonora y divina armonía
que puso en vuestro torno Publio Ovidio Nasón.

No hay religión o las hay todas por vosotros.
Las Américas rojas y las Asias distantes
llevan sus dioses en los tropeles de potros
o las rituales caminatas de elefantes.

Que buscando lo angosto de la eterna Esperanza,
nos ofrece el naciente de una inmediata aurora,
con lo que todo quiere y lo que nada alcanza,
que es la fe y la esperanza y lo que nada implora.

(Valldemosa, Mallorca, octubre 1913.)

A Francisca

I

Francisca, tú has venido
en la hora segura;
la mañana es obscura
y está caliente el nido.

Tú tienes el sentido
de la palabra pura,
y tu alma te asegura
el amante marido.

Un marido y amante
que, terrible y constante,
será contigo dos,

Y que fuera contigo,
como amante y amigo,
al infierno o a Dios.

II

Francisca es la alborada,
y la aurora es azul;
el amor es inmenso
y eres pequeña tú.

Mas en tu pobre urna
cabe la eterna luz,
que es de tu alma y la mía
un diamante común.

III

¡Franca, cristalina,
alma sororal,
entre la neblina
de mi dolor y de mi mal!
    Alma pura,
    alma franca,
    alma obscura,
    y tan blanca...

        Sé conmigo
    un amigo,
sé lo que debes ser,
lo que Dios te propuso,
la ternura y el huso
con el grano de trigo
y la copa de vino,
y el arrullo sincero
    y el trino,
a la hora y a tiempo.

¡A la hora del alba y de la tarde,
del despertar y del soñar y el beso!

   Alma sororal y obscura,
con tus cantos de España,
que te juntas a mi vida
     rara,
y a mi soñar difuso,
y a mi soberbia lira,
con tu rueca y tu huso,
ante mi bella mentira;
ante Verlaine y Hugo,
    ¡tú que vienes
de campos remotos y ocultos!

IV

La fuente dice: «Yo te he visto soñar.»
El árbol dice: «Yo te he visto pensar.»
Y aquel ruiseñor de los mil años
repite lo del cuervo: «¡Jamás!»

V

Francisca, sé süave
es tu dulce deber;
sé para mí un ave
que fuera una mujer.

   Francisca, sé una flor
y mi vida perfuma,
hecha toda de amor
y de dolor y espuma.

   Francisca, sé un ungüento
como mi pensamiento;
Francisca, sé una flor

cual mi sutil amor;
Francisca, sé mujer
como se debe ser...

    Saber amar y sentir
y admirar como rezar...
Y la ciencia del vivir
y la virtud de esperar.

VI

Ajena al dolo y al sentir artero,
llena de la ilusión que da la fe,
lazarillo de Dios en mi sendero,
Francisca Sánchez, acompáñamé...

    En mi pensar de duelo y de martirio,
casi inconsciente me pusiste miel,
multiplicaste pétalos de lirio
y refrescaste la hoja de laurel.

    Ser cuidadosa del dolor supiste
y elevarte al amor sin comprender;
enciendes luz en las horas del triste,
pones pasión donde no puede haber.

    Seguramente Dios te ha conducido
para regar el árbol de mi fe.
¡Hacia la fuente de noche y de olvido,
Francisca Sánchez, acompáñamé...

                              (París, 21 de febrero de 1914.)

Pasa y olvida

                              «Ese es mi mal: soñar...»

Peregrino que vas buscando en vano
un camino mejor que tu camino,
¿cómo quieres que yo te dé la mano,
si mi signo es tu signo, Peregrino?

No llegarás jamás a tu destino;
llevas la muerte en ti como el gusano
que te roe lo que tienes de humano...,
¡lo que tienes de humano y de divino!

Sigue tranquilamente, ¡oh caminante!
Todavía te queda muy distante
ese país incógnito que sueñas...

...Y soñar es un mal. Pasa y olvida,
pues si te empeñas en soñar, te empeñas
en aventar la llama de tu vida.

Triste, muy tristemente...

Un día estaba yo triste, muy tristemente
viendo cómo caía el agua de una fuente.

Era la noche dulce y argentina. Lloraba
la noche. Suspiraba la noche. Sollozaba
la noche. Y el crepúsculo en su suave amatista
diluía la lágrima de un misterioso artista.

Y ese artista era yo, misterioso y gimiente,
que mezclaba mi alma al chorro de la fuente.

Divagaciones

Mis ojos espantos han visto,
tal ha sido mi triste suerte;
cual la de mi Señor Jesucristo,
mi alma está triste hasta la muerte.

Hombre malvado y hombre listo
en mi enemigo se convierte;
cual la de mi Señor Jesucristo,
mi alma está triste hasta la muerte.

Desde que soy, desde que existo,
mi pobre alma armonías vierte.
Cual la de mi Señor Jesucristo,
mi alma está triste hasta la muerte.

(1916)